W0180237

Ebenfalls in dieser Reihe erschienen:

Management in sozialen Organisationen
Handbuch für die Praxis Sozialer Arbeit
ISBN 3-8029-7442-5

Finanzierungs-Handbuch für Non-Profit-Organisationen
Der Weg zu neuen Geldquellen
ISBN 3-8029-7435-2

Praxis sozialer Arbeit:
Familie im Mittelpunkt
Handbuch effektives Krisenmanagement für Familien
ISBN 3-8029-7465-4

Leistungsbezogene Entgeltsysteme
Für Wohlfahrtsverbände und Non-Profit-Organisationen
ISBN 3-8029-7426-3

Wir freuen uns über Ihr Interesse an diesem Buch. Gerne stellen wir Ihnen kostenlos zusätzliche Informationen zu diesem Titel oder Programmsegment zur Verfügung.
Bitte sprechen Sie uns an:
E-mail: walhalla@walhalla.de
http://www.walhalla.de
Walhalla Fachverlag · Haus an der Eisernen Brücke · 93059 Regensburg
Telefon (09 41) 56 84 100 · Telefax (09 41) 56 84 111

BARBARA CROLE

ERFOLGREICHES

FUNDRAISING

MIT DIRECT MAIL

Strategien, die Geld bringen!

Unter Mitarbeit von
Dr. Bruno Fäh, Marcel Gantenbein und Dr. Gerlinda Melchiori

WALHALLA
FACHVERLAG

Die Deutsche Bibliothek – CIP-Einheitsaufnahme

Crole, Barbara:
Erfolgreiches Fundraising mit Direct Mail :
Strategien, die Geld bringen / Barbara Crole. –
Regensburg; Bonn : Walhalla-Fachverl., 1998
  ISBN 3-8029-7425-5

Zitiervorschlag:
Crole, Barbara: Erfolgreiches Fundraising mit Direct Mail,
Regensburg, Bonn, 1998

Satz: Walhalla Datenbank
Produktion: Walhalla Fachverlag, **93042** Regensburg
Printed in Germany
ISBN 3-8029-7425-5

Inhalt

Checklisten, Arbeitshilfen, Übersichten auf einen Blick

Vorwort

Die Vorschläge und Ideen in diesem Buch sind die Summe meiner Erfahrungen und einer Leidenschaft: Soviel Geld wie möglich zu beschaffen und dafür sowenig Geld wie möglich auszugeben, damit karitative Organisationen – ohne die Menschen in Not in unserem Land und im Ausland allein mit ihren Sorgen wären – ihre Arbeit machen können.

Wenn Sie die gleiche Leidenschaft besitzen und sich mit dem Spenden-Sammeln für eine Non-Profit-Organisation beschäftigen – Sie also Fundraiser sind –, dann kann Ihnen dieses Buch bei Ihrer Arbeit helfen.

Meine Vorschläge sind das Ergebnis von Marktforschung, Tests, Kenntnis des Marktes und der Spender. Doch Vorsicht: Auch wenn Sie die Regeln in diesem Buch sorgfältig befolgen, muß der Erfolg nicht garantiert sein, aber sie verringern die Gefahren eines Mißerfolges erheblich.

Vielleicht kommen Ihnen viele Details in diesem Buch zunächst unverständlich vor, weil Sie gerade anfangen, sich mit diesem Thema zu beschäftigen. Mit zunehmender Erfahrung werden es jedoch gerade diese Details sein, die für Sie wertvoll werden, denn sie basieren auf meiner jahrzehntelangen Tätigkeit in dieser Branche. Auch der Profi wird noch den einen oder anderen hilfreichen Tip finden.

Ich wünsche besten Erfolg für alle Ihre Fundraising-Aktivitäten.

Barbara Crole

Aus Gründen der Einfachheit und zugleich besseren/schnelleren Lesbarkeit wurde jeweils die sogenannte männliche Berufsbezeichnung verwendet. Die großartige Leistung der Frauen auf diesem Gebiet sollte dadurch in keinster Weise geschmälert werden.

Das große Danke!

Wenn mich das Rote Kreuz nach dem 2. Weltkrieg nicht gefunden, beherbergt und mit meinen Eltern wiedervereinigt hätte, gäbe es dieses Buch wahrscheinlich nicht. So ist mein Buch aus persönlicher Betroffenheit, aus dem Wissen um die Lebensnotwendigkeit der privaten Hilfsorganisationen entstanden. Danke fürs Überleben!

Danke auch an alle hilfsbereiten Menschen. Nur weil sie existieren, gibt es dieses Buch über die Technik des Spenden-Sammelns. Danke an meine Kunden und Freunde, mit denen ich zum Teil seit Jahren zusammenarbeite. Sie geben mir Gelegenheit, neue Erfahrungen zu sammeln und weiterzukommen auf dem schwierigen Weg zur Perfektion. Danke an die Kollegen und Kolleginnen in der Schweiz und im Ausland. Ohne unseren laufenden Erfahrungsaustausch wäre mein Leben ärmer und meine Fehlerquote höher.

Auf der ganz persönlichen Ebene: Danke an meinen Mann, der mit seinem fachlichen Wissen und seiner Erfahrung maßgeblich zum Entstehen dieses Buches beitrug. Anna danke ich für die kritischen Kommentare und Nina für die Fotos.

Und letztendlich – danke an meine beiden Mitarbeiterinnen: Susanna Pernet mit ihrer unverzichtbaren Hilfe und Dr. Christine Kuhn, die mir im Endstadium ganz entscheidend half, dieses Buch in Form zu bringen.

Direct Mail-Fundraising:
Tips und eherne Prinzipien

1

1. Was ist „Fundraising mit Direct Mail"?

Direct Mail läßt sich als den schriftlichen und gezielten, d. h. adressierten – immer seltener den unadressierten –, Postversand eines Absenders an mehrere Empfänger definieren. Entscheidend ist dabei die direkte Ansprache. Weitere Medien werden höchstens flankierend eingesetzt.

Direct Mail-Fundraising ist jedoch mehr als der einfache Versand von Briefen: Es ist die Summe aller Geldbeschaffungs-Maßnahmen für eine Non-Profit-Organisation, die auf dem brieflichen Kontakt basieren.

Kritiker sagen, Direct Mail sei die teuerste Methode, Geld für karitative Zwecke zu sammeln. Das stimmt bedingt, nämlich im Anfangsstadium. Generell läßt sich sagen: Es würde nicht so viele Hilfswerke geben, die Direct Mail einsetzen, wenn es nicht lohnend wäre.

Doch erfolgreiches Direct Mail fällt nicht vom Himmel. Man benötigt Anfangskapital, Intelligenz und Beharrlichkeit, um möglichst viel Geld zu sammeln und dafür möglichst wenig auszugeben. Wenn dieses Ziel erreicht wird, bedeutet das für eine Organisation budgetierbare Einnahmen und Ausgaben, die die erfolgreiche Hilfstätigkeit möglich machen – regelmäßig, jedes Jahr!

Direct Mail ist die Methode beim Fundraising, die eindeutig ist. Der Kontostand gibt Auskunft über Erfolg oder Mißerfolg! Fundraising mit Direct Mail erlaubt, verschiedene Techniken zu vergleichen und Resultate aufgrund von Erfahrungswerten im voraus zu berechnen.

Doch Fundraising mit Direct Mail ist mehr:
Was würden Sie tun, wenn ein Milliardär Ihnen unbeschränkte Mittel zur Verfügung stellte? Was würden Sie tun, wenn der Staat Sie voll finanzierte? Würden Sie kein Fundraising mehr betreiben, sondern alle Kraft der „eigentlichen" Arbeit widmen?

Wenn Sie „Ja" sagten, übersähen Sie wichtige Aspekte des Direct Mail-Fundraising: Es schafft Bindung, es schafft Emotionen, es schafft Aufmerksamkeit für Ihr Anliegen, es bringt Ihnen Freiwillige, und das alles zusätzlich zu den Spenden.

Jedes Mailing ist zugleich eine Mini-Marktforschung:
– Wie ist Ihre Organisation auf dem Markt positioniert?
– Stehen Ihre Spender hinter Ihnen und unterstützen sie Sie?

Die Spenden und Reaktionen auf Ihren Brief geben Antwort, kosten aber nichts – im Gegenteil: Sie bringen etwas ein.

Überlebenswichtig: die Nähe zu den Spendern

Wenn Sie keinen direkten Kontakt zu den Spendern haben – dem Teil der Bevölkerung, der Ihr Anliegen so gut und wertvoll findet, daß er ins Portemonnaie greift und Ihnen dafür Geld gibt –, dann haben Sie bald Ihre Daseinsberechtigung verloren. Nur wenn Ihre Organisation von einem gewissen Teil der Bevölkerung getragen wird, können Sie effektive Arbeit für die Anliegen oder die Menschen leisten, die Ihre Arbeit brauchen.

2. Neun eherne Prinzipien, die Geld bringen

Es gibt einige Erfahrungswerte und Prinzipien, die Sie bei Ihrer Arbeit unbedingt beachten sollten. Sie sind so grundlegend, daß sie für alle karitativen Organisationen gelten.

Natürlich unterscheiden sich Organisationen in ihrem Anliegen und in ihrem Aufbau. So sind zum Beispiel Tierschutz und Hilfe für hungernde Menschen in der Dritten Welt nicht miteinander zu vergleichen. Es ist die Aufgabe des Fundraisers herauszufinden, wie die ehernen Prinzipien angewendet werden können, damit Ihre Organisation spezifisch und unverwechselbar wird. Wenn Fundraiser nicht kreativ wären und nicht neue Ideen versuchen und testen würden, hätten wir seit Jahren immer die gleichen Mailings. Es ist an Ihnen zu erfahren und zu testen, was für Ihre Organisation richtig und erfolgreich ist.

Die neun ehernen Prinzipien

1. Bitten Sie explizit und offen um Geld und/oder Hilfe.
2. Befolgen Sie die „ehernen Prinzipien", aber seien Sie kreativ im Detail und in der Gestaltung.
3. Pflegen Sie jeden Spender auf Ihrer Liste wie einen lieben Freund. Ohne dieses Geld kann Ihre Organisation nicht überleben.
4. Identifizieren Sie die besten Spender und bitten Sie diese um höhere Beträge.
5. Wenn Sie dringend Geld brauchen: Bitten Sie die Spender, die Ihnen schon viel und öfter gegeben haben.

6. Vernachlässigen Sie Klein-Spender nicht. Oft wissen diese am besten, wie bedrückend es ist, finanzielle Schwierigkeiten zu haben. Häufig helfen sie deswegen.

7. Machen Sie das Wichtige zuerst, das Dringende später – mit anderen Worten: Planung hat Vorrang, denn nur durch sie wird das langfristige finanzielle Überleben gewährleistet.

8. Werten Sie jede Versandaktion im Detail aus. Lernen Sie Ihre Erfolge und Mißerfolge auswendig. Entwickeln Sie das „Gespür", das den wirklich erfolgreichen Fundraiser auszeichnet.

9. Herz vor Kopf – Emotion vor Intellekt! Dies ist das ehernste der ehernen Gesetze. Das Herz muß allerdings wissen, daß es nicht kopflos handeln darf.

3. Lernen aus den Erfahrungen anderer

Sie können als Anfänger viel von anderen lernen und profitieren. Gleichzeitig gilt für Sie die Maxime von La Rochefoucauld:

„Man gibt Ratschläge, aber die Ausführung bringt man keinem bei."

Um so mehr gilt: Lernen Sie von anderen Organisationen, was sich bewährt hat. Nur Nicht-Profis meinen, sie müßten „anders" Spenden sammeln, um sich von der Masse abzuheben. Die Gefahr ist groß, daß Sie damit Schiffbruch erleiden.

Konkurrenz-Analyse

Es gibt keinen besseren Rat, als die Aktionen anderer Organisationen zu beobachten. Viele erfahrene Fundraiser machen es so, und ich halte es nicht anders: Ich spende auf alle Spenden-Aufrufe, die mir ins Haus flattern. Jedes Mailing, das bei mir eintrifft, wird mit dem Ankunftsdatum versehen, sorgfältig studiert und in chronologischer Reihenfolge abgelegt.

Habe ich Zeit, nehme ich mir die Spenden-Aufrufe eines Jahres vor. Dann lege ich alle Mailings einer „Konkurrenz-Organisation" zusammen und vergleiche sie mit dem Vorjahr:
– Was hat sich verändert?
– Was ist gleich geblieben?
– Gab es mehr oder weniger Mailings?

Und vor allem:
Gibt es neue Zahlungsmethoden? Neue Produkte? Neue Grafiken?

Durch diesen Vergleich bekomme ich ein äußerst nützliches Lehrbuch, das mich nicht mehr als einige Jahresbeiträge an Hilfswerke kostet. Ich tue Gutes und lerne dabei!

Erfahrungsaustausch mit Kollegen

Ich benutze auch jede Gelegenheit, um mit Kollegen Erfahrungen auszutauschen. Ich bin (so hoffe ich wenigstens) offen und freigiebig mit meinen Erfahrungen, denn ich bin der Meinung, daß gute Mailings allen dienen und schlechte Mailings die ganze Branche in Verruf bringen.

Fundraiser-Treffen

Erkundigen Sie sich, ob es in Ihrer Nähe Erfahrungstreffen von Fundraisern gibt. Schließen Sie sich der Fachvereinigung für Fundraising an. Gehen Sie auf Tagungen, Seminare usw., hier werden Sie praktische Informationen bekommen. Und vor allem: Lesen Sie, kaufen Sie Bücher, abonnieren Sie Zeitschriften (siehe Literaturhinweise)!

4. Vorschläge, die Sie nicht befolgen sollten

Setzen Sie auf Bewährtes, wehren Sie sich gegen Vorschläge von Vorstandsmitgliedern und Freunden, die „originelle" Ideen haben. Hier sind drei Beispiele für Vorschläge, die Partner und Kunden immer wieder bringen:

- „Weihnachten wollen wir nicht sammeln, die Briefkästen sind verstopft."

Ihr Gegen-„Argument":
Jawohl, sie sind verstopft, aber nur, weil Weihnachten immer noch eine sehr erfolgreiche Zeit für Spenden-Einnahmen ist.

- „Unsere Spender sind anders. Wir wollen keinen ‚Herz-Schmerz'-Text, keinen Druck auf die Tränendrüsen."

  Ihr Gegen-„Argument":
  Der Mißerfolg ist damit praktisch vorprogrammiert, denn alle Spender sind Menschen, die auf Emotionen reagieren.

- „Wir wollen junge Spender."

  Ihr Gegen-„Argument":
  Der Traum aller Fundraiser ist eine Kartei von Yuppies, die großzügig mit Kreditkarte zahlen. Tut mir leid, junge Leute spenden wenig. Die Erfahrung zeigt, daß sich sogar für das Thema Aids junge Leute nur beschränkt finanziell verpflichten lassen.

> *Merke:*
> Es gibt gute Gründe, warum so viele Hilfswerke das gleiche zur gleichen Zeit tun: Es funktioniert und bringt Geld. Wenn Sie das Gegenteil machen, so seien Sie sich der Gefahr bewußt.

> *Besonders am Anfang gilt:*
> Lassen Sie lieber andere tollkühn vom 10-Meter-Brett ins kalte Wasser springen. Folgen Sie bewährten Regeln – auch wenn sie nicht originell scheinen.

Das nachfolgende „Merke" hängen Sie am besten über Ihren Schreibtisch oder kleben Sie es an Ihren Computer:

> *Merke:*
> Über den Erfolg Ihres Direct Mail-Fundraising entscheidet einzig und allein der Empfänger!

Nicht Sie, nicht der Direktor oder Geschäftsführer, nicht die Kollegen, sondern nur derjenige, der Ihren Brief liest und sein Portemonnaie öffnet (oder auch nicht), darf als Gradmesser für den Erfolg gelten.

Ist Direct Mail für uns geeignet?

2

1. Sechs Grundbedingungen für den Start

Direct Mail ist für die meisten Organisationen geeignet. Es gibt jedoch einige Fragen, die Sie sich stellen sollten:

1. Haben Sie genug Geld für den Start?

   Es ist traurig, aber wahr: ohne Startkapital keine Mailings! Der einzige Ausweg ist die Arbeit mit einer Firma, die eine Verlustgarantie leistet.

2. Ist Ihre Organisation überhaupt groß genug?

   Wer zu wenige Gönner hat, sollte auf Direct Mail verzichten. Die Kosten sind zu hoch.

3. Können Sie Ihre Anliegen per Post verkaufen?

   Es gibt Probleme, die sich nicht in die Form eines Briefes zwängen lassen. Das ist allerdings selten und kommt eher bei Dachorganisationen vor, die hauptsächlich Büroarbeit leisten.

4. Sind Sie oder Ihre Anliegen einleuchtend oder bekannt genug?

   Wenn niemand den Namen Ihrer Organisation oder die Bedeutung Ihres Anliegens kennt, kann das Ergebnis Ihrer Kampagne sehr bescheiden sein. Ist der Absender eine große, bekannte Hilfsorganisation, steht der Empfänger dem Brief fast immer positiv gegenüber.

5. Halten Sie Ihre Spender für zu intelligent?

   Es gibt Hilfswerke, die meinen, ihre Spender nur über persönliche Kontakte motivieren zu können, weil diese auf „primitives Direktmarketing" nicht reagieren würden. Denken Sie aber gleichzeitig daran, wie wenig Kontakte Sie persönlich herstellen können. Wenn Ihre Gönner intelligent sind, werden sie intelligente Argumente um so besser verstehen.

6. Benötigen Sie das Geld sofort und dringend?

   In den meisten Fällen bringt Direct Mail am Anfang keine großen Summen ein. Im ersten Stadium geht es darum, sich einen Spender-Stamm aufzubauen. Man benötigt Zeit, um eine größere Zahl von Spendern zu finden, sie zu treuen Gönnern zu machen und herauszufinden, welche Art der Ansprache für die Spender am besten geeignet ist.

2. Die „Holzhammer-Methode" führt nicht zum Erfolg!

Es gibt Organisationen, deren Fundraiser nach der „Holzhammer-Methode" arbeiten und sich mit schrecklichen Inhalten überbieten. *„Kinder im Müll"* mag ein Thema lauten – und genau diese Art von Fundraising ist es, die die ganze Branche in Verruf bringt.

Hilfswerke und Fundraiser dürfen auf keinen Fall durch die Art ihrer Spenden-Aufrufe negative Vorurteile bestätigen und Gruppen ausgrenzen. Bewohner der Dritten Welt immer nur als verhungernde, passive Hilfeempfänger darzustellen, bringt die Welt nicht weiter. Behinderte als bedauernswerte Opfer im Rollstuhl oder an Krücken zu beschreiben, beleidigt diejenigen, denen eine Spende helfen soll.

Diese diskriminierenden Stereotypen sind nicht notwendig. Es hat sich wieder und wieder gezeigt, daß langfristig ein positiver Ansatz erfolgreich ist, der den Betroffenen Würde gibt und wahrt.

Daneben gibt es Organisationen, die sich jede Art von Gefühl in ihrer Kommunikation verbitten: sie wollen nur durch sachliche Argumente überzeugen. Sie werden Schiffbruch erleiden, weil sie die stärkste Komponente des Spenden-Sammelns vernachlässigen: Mitgefühl.

Ich sage es ganz klar: Erfolgreiche Kampagnen basieren auf der Tatsache, daß Menschen von Herzen geben und nicht mit dem Kopf. Furcht, Scham und blindes Mitleid sollten im Namen der Betroffenen vermieden oder sehr vorsichtig eingesetzt werden.

Viele Menschen haben den Eindruck, daß das täglich in Fernsehen und Zeitung beschriebene Elend und Unglück zuviel ist. Sie möchten eigentlich etwas verändern, fragen aber: *„Was kann ich als Einzelperson schon daran ändern?"*

Sehr viel! Es gibt soviel Positives, das eine Spende bewirken kann. Es ist an uns Fundraisern – also an Ihnen –, dem potentiellen Spender zu veranschaulichen, was jede einzelne Spende bewirken kann!

Externe Berater: Hilfe suchen oder selber machen?

3

1. Vor- und Nachteile externer Berater

● Gute Gründe für das Heranziehen von Beratern:
  - Fundraising mit Direct Mail ist immer komplexer geworden. Man braucht Wissen und Erfahrung, um auf dem heutigen Markt zu bestehen – erst recht, um anzufangen.
  - Für interne Mitarbeiter ist es schwierig, motiviert zu bleiben, neue und frische Ansätze zu finden.
  - Nach einer gewissen Zeit tragen auch die verdientesten Mitarbeiter Scheuklappen. Sie wissen, was intern auf wenig Widerstand stößt, keine bösen Reaktionen von Spendern und Presse hervorruft. Des Kampfes müde beschränken sie sich mit der Zeit auf weniger kontroverse Themen, auf Gewohntes und Erprobtes.
  - Ist man selbst Mitarbeiter eines Hilfswerks, verliert man leicht den Abstand. Man sieht die Komplexität des Problems und der Arbeit. Das ist der erfolgreichen Spenden-Werbung eher hinderlich, denn man muß die Maxime „keep it simple" immer präsent haben.
  - Besonders wenn Fundraising-Mitarbeiter noch andere Aufgaben haben, wird Geldbeschaffung nicht immer als die wichtigste Aufgabe gesehen.
  - Unabhängige Berater können den preiswertesten Zulieferer vorschlagen. In vielen Fällen spart er damit für den Kunden ein mehrfaches seines Honorars ein.
  - Das Wichtigste am Schluß: Fundraising ändert sich laufend. Nur wer viel sieht, viel erfährt, viele Ergebnisse kennenlernt, kann sich laufend anpassen, neue Möglichkeiten erkennen und anwenden.

● Externe Beratung ist falsch und zu kostspielig, wenn:
  - Sie eine lokale Organisation mit geringem Jahreseinkommen und kleinem Potential sind. In diesem Fall ist höchstens eine kurze Beratung angebracht.
  - Ihr Anliegen nur wenige interessiert und damit Ihr Markt so eng ist, daß sich Direct Mail-Programme nicht rentieren.
  - Sie selbst schon jahrelange Erfahrung haben, Ihr Programm nach geringen Anpassungen erfolgreich ist und Sie über qualifizierte Mitarbeiter verfügen, die das Programm abwickeln. In

diesem Fall ist von Zeit zu Zeit eine punktuelle Beratung angebracht, besonders was den Schreibstil und neue technische
Möglichkeiten betrifft.

Früher war ich selbst bei einem Hilfswerk fest angestellt. Eines Tages
arbeiteten wir mit einem externen Berater zusammen, und es fiel mir
wie Schuppen von den Augen, als er einige „naive" Fragen über
unsere Tätigkeit stellte. Wie hatte ich übersehen können, daß gewisse
Aspekte unserer Arbeit für den Spender viel einleuchtender waren als
die, die wir ihm präsentierten?

Merke:
Der Berater ist nicht unbedingt besser, er ist anders. Mit seiner
Hilfe erfahren Sie neue Aspekte Ihrer Tätigkeit und damit
neue Finanzierungs-Möglichkeiten.

2. Den richtigen Berater finden

Welche Berater gibt es?

Für Fundraising-Berater gibt es in Europa keine umfassende Ausbil-
dung und keine Prüfung. Was zählt sind Erfahrungen und Referenzen.
Berater für Fundraising finden Sie in ganz unterschiedlichen Bereichen:

Adreßverlage

Es gibt Berater – und nicht die schlechtesten –, die bei einem Drucker
oder Adreßverwalter, also einer Firma mit kommerziellen Interessen,
angestellt sind. Es ist jedoch einleuchtend, daß die Beratung von dieser
Seite nicht immer ganz unvoreingenommen sein kann. Der Arbeitgeber
des Beraters will Ihnen möglichst viele Dienstleistungen verkaufen.

Selbständige Fundraiser

Dann gibt es immer häufiger Kleinfirmen, die oft nur aus einer Person
bestehen, die ihr Handwerk meistens in einem Hilfswerk gelernt
haben. Hier können Sie entweder einzelne Dienstleistungen, etwa
Redaktion und Grafik, oder ganze Konzepte einkaufen.

Werbeagenturen

Außerdem gibt es die großen Werbeagenturen, die Sozial-Marketing als lukrative „Nische" entdeckt haben. Bei diesen Firmen finden Sie häufig kreative Talente, die neue Impulse bringen – oft aber fehlt ihnen das Gespür und die Erfahrung im Fundraising. Hier gilt der alte Spruch: *„You can't sell brotherhood like soap." (Mitleid kann man nicht wie Waschpulver verkaufen.)*

Doch können Sie gerade bei Werbeagenturen von deren breiter Erfahrung im Bereich Direct Mail profitieren und auch lernen, wie man komplexe Sachverhalte auf einfachste, eingängige Formeln und überzeugende visuelle Konzepte reduziert.

Am besten informieren Sie sich bei den nationalen Fundraiser-Vereinigungen über spezialisierte Agenturen oder Berater. Fragen Sie auch Fundraiser-Kollegen, deren Mailings Sie gut finden.

Die Kontaktaufnahme

Bei der Kontaktaufnahme mit einem externen Berater sollten Sie direkt nach Referenzen sowie Mustern und Ergebnissen früherer Mailings fragen. Schon diese erste Sichtung wird dazu führen, daß nur wenige Kontakte übrig bleiben.

Der endgültige Auswahlprozeß ist schwierig, denn letzten Endes kommt es nicht nur auf technische Informationen an, sondern noch auf andere Faktoren, zum Beispiel:

- *Gegenseitiges Verständnis*

  Sprechen Sie und der Berater die gleiche Sprache? Versteht er Ihr Anliegen wirklich? Haben Sie den Eindruck, daß er in der Lage ist, das Anliegen Ihrer Organisation bei den Spendern „rüberzubringen"?

- *Emotionale Faktoren*

  Verstehen Sie sich menschlich mit dem Berater? Stimmt die „Chemie"? Ist er Ihnen sympathisch? Emotionale Faktoren – Gefühle – spielen in der Zusammenarbeit eine nicht zu unterschätzende Rolle.

● *Angebots-Palette*

Erbringt die Agentur oder der Berater alle Leistungen, die Sie brauchen? Es ist zeitaufwendig und kompliziert, mit mehreren Beratern oder Agenturen zu arbeiten.

● *Honorare*

Auf welcher Honorar-Basis arbeitet der Berater? Nimmt er eine Pauschale für den ganzen Auftrag oder berechnet er ein Tageshonorar? Beides hat Vor- und Nachteile. Die meisten Auftraggeber wünschen anfänglich eine Pauschale, da sie so problemlos budgetieren können und vor unangenehmen Überraschungen geschützt sind.

Wichtig:

Es ist Beratern und Agenturen, die Mitglied von Fundraiser-Organisationen sind, nicht erlaubt, auf Provisions-Basis zu arbeiten.

● *Besondere Konditionen*

Vergessen Sie nicht, nach finanziellen Vorteilen zu fragen. Kann der Berater Ihnen spezielle, günstige Druck- oder Papierpreise anbieten? Kann er mit anderen Lieferanten Vereinbarungen für die Zusammenarbeit treffen?

Ich habe zum Beispiel mit einigen meiner Kunden die Abmachung getroffen, daß ich als Berater die günstigsten Hersteller ermittle und mit diesen einen Vertrag für ein jährliches Gesamtvolumen abschließe. Die Hilfswerke, die ich berate – insbesondere die kleinen –, profitieren dank dieses Systems von Großauflagenpreisen. Für diese Leistung sollte vom Berater lediglich der Zeitaufwand als Dienstleistung berechnet werden. Er sollte die Kostenersparnis nicht als Zusatzverdienst betrachten.

● *Kreativität*

Hat die Agentur einen Standard-Vorschlag in der Schublade und überträgt sie diesen auf Ihre Organisation? Einige Agenturen haben Mailings entwickelt, von denen sie wissen, daß sie erfolgreich sind, und offerieren diese mit geringen Varianten verschiedenen Werken.

Zu diesem Vorgehen gibt es kein „richtig" oder „falsch". Die Entscheidung hängt von Ihren Anforderungen ab. Der Vorteil liegt darin, daß Sie mit einem derartigen Mailing kein großes Risiko eingehen. Sie müssen aber wissen, daß Sie tendenziell mit anderen Organisationen austauschbar werden, und überlegen, ob es zu Ihrer Organisation paßt. Ist der Vorstand Ihres Hilfswerks damit einverstanden?

- *Entscheidungsbefugnis*
  Wer entscheidet? Sie oder der Berater? Ist es dem Berater am liebsten, wenn Sie zahlen und ihn nicht bei der Arbeit stören, oder erarbeitet er Lösungen im Verbund mit Ihnen? Wieder gibt es kein Patentrezept. Entscheidend ist die spezielle Situation Ihrer Organisation.

- *Ansprechpartner und Sachbearbeiter*
  Die Frage nach Ihrem Ansprechpartner kann leider meistens erst nach dem Beginn der Zusammenarbeit beantwortet werden. Ist Ihr Ansprechpartner in der Agentur schnell für Sie erreichbar und informiert er bereitwillig? Macht der Mitarbeiter, den Sie kennengelernt haben, auch die Arbeit? Gute Verkäufer sind nicht immer gute Arbeiter und umgekehrt. Darum hat es sich in Agenturen bewährt, einige besonders überzeugende und vom Kunden als brillant wahrgenommene Mitarbeiter für Verkaufs-Präsentationen einzusetzen. Die Arbeit machen dann andere, vielleicht weniger spektakuläre Menschen. Das ist nicht unbedingt ein Nachteil. Nur: Sie sollten von Anfang an wissen, mit wem Sie zusammenarbeiten.

Die Zusammenarbeit

Nach der Entscheidung für einen Berater oder eine Agentur beginnt die Arbeit erst. Ja, auch für Sie! Es wäre ganz falsch, Experten – auch wenn sie noch so gut sind – alleine zu lassen und nur darauf zu warten, daß das Geld reinkommt.

Der Fundraiser muß den Input leisten. Sie müssen Ihren Berater instruieren, motivieren und notfalls überwachen. Das heißt nicht, daß Sie ihm dauernd reinreden – aber Sie sollten jederzeit wissen, wie weit die Arbeiten gediehen sind und wie das Resultat bis jetzt aussieht.

„Vertrauen ist gut – Kontrolle ist besser," das bedeutet aber auch, Vertrauen zu haben.

Berater sind meistens nicht billig, Sie sollten also bei einem Termin gut vorbereitet sein, um in möglichst kurzer Zeit möglichst viel mit ihm zu erledigen.

Nachstehend finden Sie einen Fragebogen, der Ihnen hilft, Ihren „Status quo" zu bestimmen.

Es lohnt sich auch, den Fragebogen auszufüllen, wenn Sie keinen Berater suchen; er gibt Ihnen einen ausgezeichneten Überblick über den Stand Ihrer Fundraising-Bemühungen.

Checkliste: Status quo der Geldbeschaffungsmaßnahmen

I. Mittelbeschaffung

1. Wieviele Mitarbeiter sind im Bereich Mittelbeschaffung tätig?

   ....

2. Wie hoch ist Ihr Direct Mail-Budget, und wie ist es aufgeteilt?

   ....

3. Wie teilen sich Ihre augenblicklichen Einnahmen aus freiwilligen Zuwendungen auf (Direct Mail, Firmen-Spenden, Legate usw.)?

   ....

4. Wo liegen die Stärken Ihres Hilfswerks?

   ....

5. Wo liegen die Schwächen?

   ....

6. Wieviele Menschen unterstützen Ihr Hilfswerk? Davon sind

   Spender: .... Mitglieder: ....

   Dauerspender: .... Käufer: ....

   Abonnenten: .... Andere: ....

II. Datenverarbeitung

1. Welches System verwenden Sie?

   ....

2. Ist es ein interaktives System?

   ....

   Erfolgt die Adreßverwaltung in Ihrem Hause?

   ....

   Wer ist für die Datenverarbeitung zuständig?

   ....

   Wer trägt die Verantwortung für die Spender-Datenbank?

   ....

3. Gibt es für die verschiedenen Spender-Kategorien separate Auswertungen, z. B. für

   Einzel-Spender: .... Stiftungen: ....

   Firmen: .... Andere: ....

4. Welche Informationen sind für jeden Spender gespeichert?

   ....

5. Speichern Sie zusätzliche Information über Top-Spender/ mögliche Spender?

   ....

6. Haben Sie qualitative oder quantitative Informationen über die Qualität Ihrer Spender?

   ....

7. Welche Segmentierungsmöglichkeiten haben Sie?

   ....

III. Direct Mail

1. Zustand der Stammdatei Ihrer Spender:

   Statisch: .... Weiß nicht: ....

   Schrumpft: .... Wächst: ....

   Wieviele neue Spender gewinnen Sie pro Jahr? ....

2. Wie akquirieren Sie neue Spender?

   Kalte Mailings: .... Anzeigen: ....

   Beilagen: .... Unadressierter Versand: ....

   Info-Stände: .... Andere Methoden: ....

3. Welche ist Ihre erfolgreichste Methode?

   ....

4. Welche Methode ist am kostengünstigsten (sowohl Akquisitionskosten als auch auf Lebensdauer berechnet)?

   ....

5. Wieviele Mailings versenden Sie pro Jahr an

   Spender: .... Mitglieder: ....

   Abonnenten: .... Käufer: ....

   Darunter:

   Upgrading-Vorschläge: ..... Legatmarketing: ....

   Spezial-Mailings/Dringende Appelle usw.: ....

6. Wie lauten die durchschnittlichen Ergebnisse Ihrer Mailings?

   Rücklauf in %: ....

   Durchschnittszahlung in DM/SFr.: ....

   Ertrag pro Mailing in DM/SFr.: ....

7. Diese Erträge sind Ihrer Meinung nach

   gut .... schlecht ....

8. Segmentieren Sie Ihre Aussendungen? – Wie?

   ....

9. Danken Sie Ihren Spendern? – Wie?

   ....

10. Erhalten Neuspender eine spezielle Begrüßung?

    ....

11. Wie gehen Sie mit Spontan-Spenden um?

    ....

12. Wie verbessern Sie den Status der Spender (z.B. vom
    gelegentlichen zum regelmäßigen Spender)?

    ....

13. Wie oft im Jahr betreiben Sie Mitgliederwerbung?

    ....

    Setzen Sie das Telefon dafür ein? ....

14. Reaktivieren Sie Nicht-mehr-Spender? Wenn ja:

    per Brief .... telefonisch ....

Der Spender: Wie sieht er aus und wie findet man ihn?

4

1. Spender-Motive: Warum gibt ein Mensch?

Warum geben Menschen, wenn ihnen ein Spenden-Brief ins Haus flattert? Spender geben, obwohl sie den Absender nicht kennen, sie geben, obwohl sie wissen, wie oft getäuscht und betrogen wird. Das ist für mich und viele andere ein immer neues Wunder, für welches wir täglich neu dankbar sind und sein müssen. Es ist ein Geschenk für Fundraiser, das bewahrt und in Ehren gehalten werden muß.

Schuldgefühle

Spenden Menschen, weil sie sich schuldig fühlen? Schuldig, weil es ihnen so gut geht? Weil der Tisch reich gedeckt ist und Nahrungsmittel oft weggeworfen werden? Darf und soll ein Fundraiser derartige Gefühle für seine Zwecke einsetzen? Mir scheint: Ja, denn die Tatsache, daß es uns gutgeht, gibt uns auch die Verantwortung für andere, die hungern. Aus der negativen Empfindung „Schuld" kann ein Fundraiser das positive Gefühl der Verantwortlichkeit der Privilegierten ableiten und „ausnutzen".

Vorsicht:

Wenn ich einen Spenden-Aufruf erhalte, der mir nachweisen will, daß ich am Leiden der Dritten Welt „schuld" bin, weil ich zuviel oder nicht richtig konsumiere, ärgere ich mich. Ich fange an zu diskutieren, daß ich keine Schuld am Elend der Welt trage. Das lenkt mich vom Geben ab. Wenn man mich aber auffordert: *„Geben Sie, weil Sie dankbar sind, daß es Ihnen und Ihrer Familie gutgeht"*, dann stimme ich zu und spende.

Zeitgeist

Geben Menschen auch, weil es „in" ist? Ist Spenden eine Frage der Mode? Wahrscheinlich ist nicht der eigentliche Akt des Spendens der Mode unterworfen, sondern der Spenden-Empfänger oder dessen Anliegen. Sicher gibt es Organisationen, die vom Zeitgeist und von Modeströmungen profitieren. Denken Sie an das Phänomen „Greenpeace" in den achtziger Jahren, oder denken Sie an Aids: Ein neues Problem – Kranke und Sterbende direkt neben uns – brachte Spenden von neuen, jungen Spender-Gruppen. Daneben aber gibt es „Dauerbrenner": Leprakranken geben wir, weil es in der heutigen Zeit nur wenig kostet, sie zu retten. Krebs tötet noch immer – also wird gespendet. Tuberkulose dagegen ist nicht oder kaum mehr lebensbedrohend – also versiegt auch der Spenden-Strom.

Alle, die für Mittelbeschaffung verantwortlich sind, müssen diese Trends akzeptieren. Die Erfahrung lehrt, bescheiden zu sein, wenn es Erfolge gibt, und sich nicht entmutigen zu lassen, wenn es schlecht läuft. Es gibt immer Faktoren, die wir nicht beeinflussen können. Erfolg oder Mißerfolg sind nicht immer abhängig von der Qualität der eigenen Arbeit.

Mitleid

Es bleibt das Wunderbare, und das ist das Mitleid. Ich gebe dem Bettler, weil ich mit ihm Mitleid habe, traurig darüber bin, daß es in unserer Gesellschaft Menschen gibt, die sich entwürdigen müssen. Was ist das Gegenteil von Mitleid? Das Lexikon sagt Unbarmherzigkeit, und wer will unbarmherzig sein?

Mitleid ist ein Gefühl, das durch eigene Erfahrungen gesteuert wird. „Uns lehrt eigner Schmerz, der andern Schmerzen zu teilen", sagte Goethe. Ich glaube, dieser Satz enthält eines der fundamentalen Gesetze, die den Erfolg oder Mißerfolg eines Spenden-Aufrufes ausmachen. Wir werden Erfolg haben, wenn es uns gelingt, Erfahrungen im Empfänger anzusprechen, die bewirken, daß er den das Mitleid auslösenden Zustand ändern will und Geld gibt.

Sie zweifeln? Erinnern Sie sich: Die ersten Bilder von Greenpeace zeigten Robbenbabys und blutig ausgerottete Wale. Die Anfangserfolge von Greenpeace erklären sich mit unserem Mitleid mit Tieren und der Natur. Und warum ist Aids eine Krankheit geworden, für die auch konservative Menschen spenden, obwohl sie vor einiger Zeit noch der Ansicht waren, das sei eine Angelegenheit der Homosexuellen und selbst verschuldet? Ich glaube, es ist Mitleid mit den Menschen, die qualvoll sterben.

Der Wunsch, etwas zu verändern

Das ist ein weiterer Grund, weshalb es Spender gibt. Viele Menschen sehen Elend oder Unrecht in der Welt, wollen helfen, fühlen sich aber angesichts der Enormität der Aufgabe ohnmächtig.

Es reicht aber nicht, wenn der Spender durch unser Mailing Mitleid empfindet und/oder etwas verändern will. Wenn wir mit unserem Spenden-Aufruf Erfolg haben wollen, müssen wir auch das Gefühl geben, mit einer Spende wirklich etwas bewirken zu können. Ich spreche vom „Transfer". Es ist wichtig, dem Spender zu sagen:

„Wir wissen, wie man hilft. Wir haben den Willen und die Fähigkeit, etwas zu verändern. Du hast Geld, gib es uns, um unseren Auftrag zu erfüllen; wir setzen es so ein, daß es am meisten hilft!"

Wir bieten dem Spender auf diese Weise einen Ausweg aus einer ausweglosen Situation. Wir sind die Fachleute für eine Veränderung zum Guten.

Vorsicht:

Wehe, wir täuschen ihn. Wehe, wir halten unser Wort nicht, und er gewinnt den Eindruck, daß wir sein mühsam erarbeitetes Geld nicht gut einsetzen. Er läßt uns fallen, und wir erhalten keinen Pfennig mehr!

Wir alle kennen den Spruch *„Jede Spende zählt!"*. Sie zählt im wahrsten Sinne des Wortes, und es ist unsere Aufgabe, dem Spender mitzuteilen, was die Spende konkret bewirkt. Mit seiner Spende überträgt der Spender seine Macht auf uns, das Hilfswerk. Er ermächtigt uns; ohne ihn sind wir ohnmächtig. Vergessen wir es nicht!

2. Die Spender-Datei: Gute Adressen bringen Erfolg

Der Erfolg Ihrer Mailings hängt von zwei Faktoren ab:

● neue Spender zu finden und
● Spender zu finden, die Ihnen treu bleiben

Früher haben Organisationen oft über Jahre, wenn nicht über Jahrzehnte, eine Spender-Datei aufgebaut, vorsichtig nach der „trial and error"-Methode und darauf bedacht, haushälterisch mit dem Geld der Spender umzugehen und sich keine Irrtümer zu leisten.

Es gab aber auch neue Organisationen, die einen großen Teil ihrer Einnahmen aus Spenden-Aufrufen in den Ausbau ihrer Spender-Datei steckten und so in kurzer Zeit sehr große Dateien aufbauten. Alte Fundraiser-Füchse prophezeiten das Schlimmste und meinten, daß derart werbeorientierte und kommerzielle Methoden den Ruin jeder seriösen Organisation bedeuten müßten. Doch das trifft nicht unbedingt zu.

Wie es im kommerziellen Bereich notwendig ist, in die Zukunft und das Wachstum zu investieren, so müssen auch karitative Organisationen bemüht sein, eine Größe zu erreichen, die es ihnen erlaubt, mit möglichst geringen Kosten Spenden-Aufrufe zu produzieren. Vor allem aber müssen sie die Zukunft sichern, indem sie die Zahl ihrer Spender – wenn nicht vergrößern – so doch konstant halten.

Alle Organisationen müssen deshalb durch laufende Werbeaktivitäten neue Spender gewinnen und diejenigen ersetzen, die abspringen.

Fundraiser haben einen Spruch: *„Es gibt drei wichtige Erfolgsfaktoren für neue Spender: Adressen, Adressen, Adressen."* Das bedeutet in der Praxis:

- Der beste Brief an eine schlechte Adresse bleibt erfolglos.
- Ein schlechter Brief an eine gute Adresse hat eine Erfolgschance.

Dies ist das deutliche Merkmal für einen gesättigten Markt mit Verdrängungswettbewerb. Während Sie früher Ihre Mailings verhältnismäßig breit streuen konnten und immer noch einen vertretbaren Rücklauf erhielten, müssen Sie heute vor dem Versand diejenigen Gruppen aus der Gesamtbevölkerung herausfiltern, die Ihrem Aufruf positiv gegenüberstehen.

3. Sozio-demographische Merkmale des Spenders

Glücklicherweise gibt es einige allgemeine Grundsätze über Spender-Merkmale, die praktisch für alle Organisationen gelten:

- Menschen, die einer Organisation spenden, geben meistens auch einer anderen eine Spende. (Ich weiß, für viele neue Fundraiser ist es eine große Enttäuschung, erfahren zu müssen, daß sie keine „exklusiven" Spender haben, sondern sie mit anderen Organisationen teilen – aber in diesem Beruf sind wir alle von dem Teil der Bevölkerung abhängig, der bereit ist zu spenden.)

- Ungefähr 70 % bis 80 % aller Spender sind Spenderinnen. Wenn Ihre Datei anders aussieht, lassen Sie sich nicht täuschen, denn oft steht der Mann als Absender, auch wenn die Frau die Entscheidung für die Spende trifft und die Zahlung leistet.
- Spender haben oft eine überdurchschnittlich gute Schulbildung.
- Das Einkommen der Spender liegt meistens über dem Durchschnitt.
- Spender interessieren sich häufig für das Weltgeschehen, lesen Zeitungen und Zeitschriften.
- Spender leben überdurchschnittlich häufig in kleineren und mittelgroßen Städten (seltener in der Großstadt oder auf dem Land).
- Spender leben häufiger, und dies ist natürlich eine Folge ihrer besseren finanziellen Verhältnisse, in Einzel- oder Doppelhäusern.
- Spender sind oft religiös.
- Vor allem aber: Spender sind älter, d. h. in den meisten Fällen über 50 Jahre alt, vielleicht aber sogar zwischen 60 und 85 Jahren.

Mit diesen Vorgaben können Sie beginnen, Adreßlisten für Ihre Spender-Gewinnung auszusuchen.

4. Adreßlisten: Wie geht man damit um?

Zuerst eine wichtige Präzisierung: Adressen kaufen Sie nicht, Sie mieten sie. Und zwar für den einmaligen Gebrauch. In jeder Liste gibt es Kontrolladressen. Wenn Sie also in Versuchung kommen sollten, die gleiche Liste zweimal einzusetzen, so würde der Inhaber der Liste das schnell merken.

Adressen vom Adreßbroker mieten

Adressen gibt es beim Adreßbroker. Er handelt mit Adressen wie andere mit Lebensmitteln. Im besten Fall berät er sie objektiv – wie es für Ihren speziellen Fall am sinnvollsten ist. Im schlimmsten Fall ist er nur daran interessiert, Ihnen so viele teure Adressen wie möglich zu vermieten, damit er möglichst hohe Vermittlungsgebühren einstreicht.

Wichtige Fragen, die Sie Ihrem Adreßbroker stellen sollten:

- Wie gepflegt ist diese Liste? Werden Adreßänderungen laufend ausgeführt bzw. wann wurde diese Liste das letzte Mal eingesetzt?

- Ist diese Liste ausgelaugt? Wie oft wurde sie im letzten Jahr eingesetzt?
- Was sind die Zusatzkosten (Grundkosten, Abgleiche, Bänder usw.)?

Warum brauchen Sie einen Adreßbroker?

Die Vielfalt der auf dem Markt erhältlichen Listen ist groß, so daß es für einen Laien fast unmöglich ist, einen Überblick zu haben. Außerdem hat ein Adreßbroker vielfach spezielle Bedingungen für die Adreßmiete. Sie zahlen also nicht mehr, als wenn Sie sich selbst um die Listen bemühten.

Achtung:
Der Adreßbroker ist nur so gut wie die Information, die Sie ihm geben. Sie müssen aktiv mitarbeiten und ihm alles mitteilen, was Sie über die eigene Organisation und das schon vorhandene oder gewünschte Spender-Profil wissen. Sie müssen sich vielleicht auch sagen lassen, daß Ihre Vorstellungen unrealistisch sind.

Was steckt hinter einer Adresse?

Eine vollständige Adresse enthält in der Regel Namen, Vornamen, Geschlecht, Straße und Hausnummer, Wohnort mit Postleitzahl. Das sind die Basisdaten. Oft können Sie auch die Telefon- und Fax-Nummer, Titel, Berufsbezeichnungen usw. erwerben. Bei den meisten Listen können Sie außerdem noch Information über die Vorlieben (meistens handelt es sich um Konsumgewohnheiten) des Adressaten erhalten.

Vorsicht:
Jede Zusatzinformation kostet Geld. Überlegen Sie, welche Informationen Sie gewinnbringend verwerten können!

Bevorzugt eingesetzte Adreßlisten:

● *Listen von Spendern anderer karitativer Organisationen*

Hier gilt es, vorsichtig zu sein: Einerseits könnten diese Ihre erfolgreichsten kalten Listen sein, andererseits handelt es sich oft um alte Listen von ehemaligen Organisationen oder von Hilfswerken, die diese Adressen nicht mehr bedienen wollen, weil sie unrentabel geworden sind.

● *Spezial-Agenturen*

Es gibt Unternehmen, die sich auf Versand-Aktionen für Hilfswerke spezialisiert haben und sich im Lauf der Jahre Spender-Adreßlisten erarbeitet haben. Diese sind oft hochrentabel – aber auch teuer und teilweise an die Bedingung geknüpft, daß Sie Ihre Mailings bei der listenbesitzenden Firma drucken lassen. Hier gilt es, die Preise sorgfältig zu vergleichen.

● *Adreßlisten-Austausch*

In anderen Ländern ist es üblich, daß karitative Organisationen die Listen ihrer Spender untereinander austauschen. Sie haben die Erfahrung gemacht, daß die Spender anderer Hilfswerke auch ihnen spenden. Dieser Listenaustausch ist bei uns nicht (oder nur versteckt) möglich. Er bestätigt jedoch die obengenannte Regel: Wer einer Organisation spendet, gibt auch anderen.

● *Listen von Versandhauskunden*

Diese sind beliebt. Es wird argumentiert, daß Kunden von Versandhäusern daran gewöhnt sind, Werbung per Post zu erhalten, und diese auch aufmerksam ansehen. Aus welcher Branche Sie diese Listen erwerben, hängt von der Art Ihrer Organisation ab.

● *Listen von Abonnenten diverser Zeitungen und Zeitschriften*

Diese erweisen sich oft als guter Tip. Welche Art von Zeitung und Zeitschrift man abonniert hat, sagt viel über Wertvorstellungen und Grundeinstellungen aus. Ist die Zeitung konservativ oder progressiv? Regional oder national?

Von besonderem Interesse sind hier Blätter mit religiösem Gehalt, auch wenn sie nicht direkt für eine kirchliche Organisation sammeln. Wie schon vorher gesagt, sind Spender überdurchschnittlich häufig religiös.

Es gibt auch Abonnenten-Listen von Tierzeitschriften, die sehr beliebt sind: Wer sich für Tiere interessiert, hat oft auch ein Ohr für Umweltfragen und menschliche Probleme. Es gibt aber auch weniger offensichtliche Synergien: Abonnenten von Kreuzworträtsel-Heften oder Handarbeits-Zeitschriften sind häufig älter und gelten aufgrund dieses Merkmals als typische Spender.

● *Weitere potentielle Spender*

Während die vorher aufgeführten Kategorien von Adreßlisten immer nur einen kleinen Teil der Bevölkerung umfassen (wie man im Fachjargon sagt: ein beschränktes Universum), gibt es neuerdings vielversprechende neue Listen, die auf Haushalts- und Telefonadressen beruhen. Hier werden potentielle Spender ermittelt, die bisher in keiner Liste aufgetaucht sind.

Wie funktioniert das? Der Adreßbroker reichert zuerst einfache Adressen mit allen möglichen Daten an und vergleicht diese dann untereinander. Mit Hilfe komplexer Analyseverfahren ist es möglich, eine Vielzahl von Daten miteinander zu verknüpfen und Zusammenhänge aufzudecken.

Die bereits vorhandenen Adressen Ihrer Organisation werden auf ihre spezifischen Merkmale untersucht. Anschließend werden die Adressen mit den gleichen Merkmalen aus der großen Menge der Haushaltsadressen herausgefiltert.

Wenn Sie also schon Spender haben, führt die Analyse der Spender-Adressen zu neuen Spendern, die Ihrem Spender-Profil entsprechen.

Wenn Sie neu anfangen, also selbst keine Adressen, sondern nur eine Vorstellung vom gewünschten Spender haben, definieren Sie dessen Profil und lassen Sie sich Adressen, die diesem Profil entsprechen, herausfiltern. Aber Vorsicht: Es handelt sich hier um die ganz hohe Kunst, und als Anfänger zahlen Sie mit diesem Vorgehen unter Umständen viel Lehrgeld.

Wichtig:

Bevor Sie Adreßlisten mieten, sollten Sie bei verschiedenen Adreßbrokern eine Übersicht der angebotenen Adreßlisten anfordern und Angebote und Preise miteinander vergleichen.

Wenn Sie sich für einige Listen entschieden haben, klären Sie noch ab:

- Wieviele Adressen müssen Sie mindestens abnehmen? Sie wollen anfänglich wahrscheinlich nicht mehr als 5000 Adressen antesten.

- Wieviele Adressen enthält die Liste? Eine kleine Liste mit nur wenigen Namen ist in den meisten Fällen nicht interessant, weil das „Universum" nicht groß genug ist. Beim Einsatz jeder Liste, unabhängig von ihrer Größe, entstehen gewisse Grundkosten. Je weniger Adressen auf der Liste, desto höher sind diese Grundkosten pro Adresse. Andererseits ist eine zu große Liste wahrscheinlich nicht spezifisch genug.

Adreßlisten abgleichen und testen

Damit Sie einen (zukünftigen) Spender nicht mehrmals anschreiben, müssen Sie die gewählten Listen untereinander und mit Ihren bereits vorhandenen abgleichen bzw. überprüfen, ob eine Adresse auf zwei oder mehr Listen auftaucht. Die doppelten Adressen werden gelöscht.

Die Abgleichkosten sind natürlich um so höher, je mehr unterschiedliche Listen Sie antesten. Der Abgleich ist aber eine Maßnahme, die sich lohnt: Ihre Produktions- und Portokosten werden geringer ausfallen, und Sie vermeiden es, Spender durch mehrere gleiche Briefe zu verärgern.

Hinweis:

Je mehr Überschneidungen auftauchen, desto besser. Es zeigt, daß die Profile der von Ihnen gewählten Listen übereinstimmen.

Ablaufschema: Adressen abgleichen

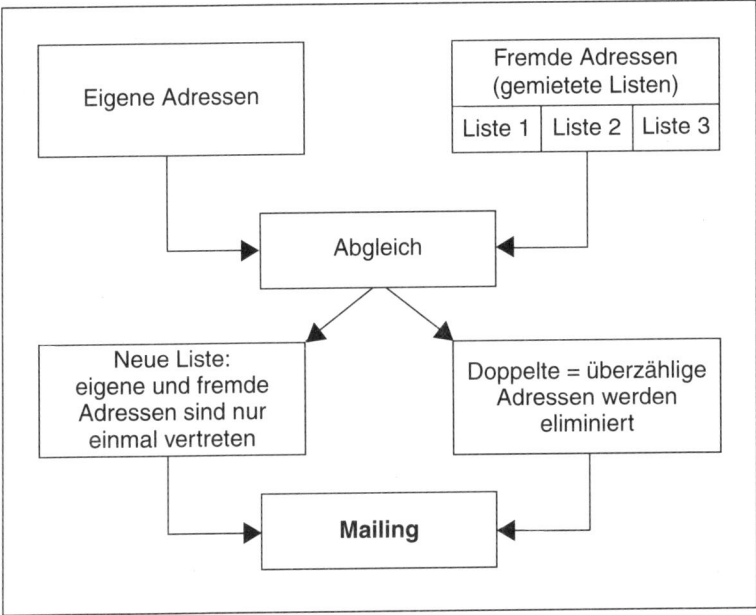

Doppelbedienungen, also mehrere Anschreiben an eine Adresse, werden Sie nie ganz vermeiden können. Darum empfiehlt es sich, schon vor dem Versand alle beteiligten Mitarbeiter darüber zu informieren, was sie auf diesbezügliche Klagen antworten sollen (vgl. S. 170 ff.).

Es gibt Organisationen, die das Problem auf dem Umschlag oder im Brief mit z. B. folgendem Satz ansprechen: „Falls Sie diesen Brief doppelt erhalten, seien Sie uns bitte nicht böse. Wir versuchen unser Bestes, um derartige Irrtümer zu vermeiden, aber es gelingt uns nicht immer. Vielleicht kennen Sie in Ihrem Bekanntenkreis jemanden, dem Sie den zweiten Brief geben können. Wir danken Ihnen für Ihre Mühe."

Jede Adreßliste erhält einen Code, über den Sie nach dem Versand feststellen können, aus welcher Liste Ihr Spender stammt. Es ist wichtig, daß Sie die Spenden-Ergebnisse der einzelnen Listen ermitteln und die Listen miteinander vergleichen. Hierfür existieren komplizierte Vergleichslisten, aber im Grunde genügt ein einfacher Vergleich.

Die „ideale" Liste – die mit dem höchsten Reinertrag – können Sie noch zwei- bis dreimal einsetzen, ehe sie nicht mehr rentabel ist. Da Sie nach dem ersten Versand die Adressen aller Spender herausfiltern und sie in Ihre Spender-Liste übernehmen sollten, müssen Sie allerdings schon beim zweiten Versand damit rechnen, daß die Antwortrate sinkt.

Gute Listen können Sie nach einer gewissen Ruhepause wieder neu einsetzen, denn auch Listen regenerieren sich – wenn sie gepflegt werden!

Füllen Sie in der nachstehenden Checkliste die verschiedenen Spalten sorgfältig aus, und Sie erhalten ein klares Bild vom Erfolg jeder Adreßliste. Informationen zur Berechnung der einzelnen Spalten finden Sie auf S. 184 ff. Wenn Sie dann die Mietkosten der einzelnen Listen berücksichtigen, werden Sie schnell entscheiden können, welche Listen Sie wieder einsetzen wollen.

Checkliste: Ertragsauswertung verschiedener Adreßlisten

Adreßliste	Herkunft der Adreßliste	Name der Aktion, Code und Datum	Durchschnittlicher Spendenbetrag DM	Rücklauf-Quote %	Einnahmen pro versandtem Brief DM/Stück
Beispiel	Adreßbroker A	Ferienlager, FL, 5/97	22,50	18	2,80
Liste 1					
Liste 2					
Liste 3					
Liste 4					

Tip: Legen Sie sich eine Sammlung von Fotokopien dieser Vergleichslisten an. Mit der Zeit werden sich die besten Listen ablesen lassen.

5. Marktforschung – sinnvolle Unterstützung?

Marktforschung hat bei karitativen Organisationen den Ruf, teuer, schwierig und oft nutzlos zu sein. Und doch: Gerade zur Gewinnung von neuen Spendern und der damit verbundenen Entscheidung, welche Listen man mieten soll, ist Marktforschung die ideale Hilfe.

Grundsätzlich benötigen Sie Antworten auf folgende Fragen:

- Was motiviert Menschen, Ihrer Organisation zu spenden?
- Was erwarten die Spender von Ihrem Hilfswerk?
- Welche Werthaltungen zeichnen Ihre Spender aus?
- Welche demographischen Faktoren beschreiben Ihre Spender?
- Welche speziellen Informationen sind für Ihre Organisation wichtig?
- Wer ist Ihre Konkurrenz?
- Wer gibt wem wieviel?

Wie kommen Sie an derartige Informationen?

- *Telefonbefragung*
  Die Befragung per Telefon ist eine schnelle und verhältnismäßig einfache Methode, um Information zu erhalten. Sie können die Befragungen selbst durchführen oder ein hierauf spezialisiertes Institut beauftragen.
  Damit Sie aussagekräftige Ergebnisse erhalten, muß die Befragung gründlich vorbereitet werden, insbesondere:
  - Ihre Fragen müssen sehr genau formuliert werden. Sie sollten dabei versuchen, alle möglichen Antworten der Befragten zu berücksichtigen.
  - Die Adressen, bei denen Sie anrufen, sollten sorgfältig ausgewählt werden. Sie können z. B. eine Zufallsauslese unter Ihren Spendern treffen, d. h.: Sie rufen jede zehnte, 100ste oder 1000ste Adresse Ihrer Datei an. Wenn Sie sich für die Charakteristika Ihrer besseren Spender interessieren, wählen Sie aus Ihrer Liste nur Spender ab einer gewissen Spenden-Höhe aus.
  Einer meiner Kunden befragte kürzlich aktive Spender und stellte die gleichen Fragen auch ehemaligen Spendern. Er erhielt auf diese Weise wertvolle Hinweise darauf, wie sich treue Spender von denen unterscheiden, die nur wenige Male gezahlt haben. Diese

Informationen führten dazu, daß gewisse Listen nicht mehr eingesetzt wurden.

- *Fokus-Gruppen oder Gruppenbefragungen*
  Laden Sie ausgewählte Spender zu einer Gesprächsrunde ein. Unter der Leitung eines qualifizierten Moderators diskutieren die Spender über verschiedene Fragestellungen. Die Wahl des Moderators ist entscheidend für Erfolg und Mißerfolg, denn er muß darauf achten, daß die Gruppe ausgewogen bleibt, jeder zu Wort kommt, tatsächlich äußert, was er wirklich denkt, und nicht unter dem Druck der Gruppe nur noch „nette" Sachen sagt. Die Ergebnisse werden per Video oder schriftlich dokumentiert.

  Fokus-Gruppen scheinen mir besonders wichtig und wertvoll, weil man hier Gelegenheit hat, Spender „live" zu erleben. In einer solchen Diskussion erfahren Sie viel Interessantes über die Ansichten Ihrer Spender, und oft sind es Eindrücke, die Ihnen keine schriftliche Befragung geben kann, denn die Antworten erfolgen spontan.

  Auch können diese Gruppenbefragungen sehr heilsam sein, denn die Befragten sind häufig sehr emotional und sagen bei solch einer Gelegenheit meist unverblümt ihre Meinung. Mich hat in mehreren Fällen verblüfft, wie wenig die eingeladenen Spender über die Arbeit und Ziele einer Organisation wußten, obwohl sie sie teilweise schon jahrelang unterstützten.

- *Fragebogen-Aktion*
  Die kostengünstigste Variante einer Spender-Befragung ist die schriftliche Erhebung. Sie veröffentlichen in Ihrer Zeitung einen Fragebogen oder legen ihn den Mailings bei. Eine derartige Befragung können Sie selbst durchführen und auswerten. Oft sind die Rücklaufquoten erstaunlich hoch – aber das ist auch der Pferdefuß einer derartigen Befragung: Wer macht sich die Mühe, derartige Fragebogen auszufüllen und abzuschicken? Wahrscheinlich überdurchschnittlich motivierte Spender. Sie erhalten daher eher ein positiv verzerrtes Bild Ihrer Organisation. Umgekehrt werden auch ein paar notorisch Unzufriedene antworten. Was fehlt, ist der gesamte Mittelbau: Menschen, die gelegentlich spenden. Oft wollen Sie aber gerade über diese Gruppe mehr erfahren, z. B. wie Sie sie motivieren können, regelmäßiger zu spenden.

  Sie können die Rücklaufquote einer solchen Befragung erheblich steigern, wenn Sie den Rücksendern ein kleines Geschenk versprechen. Dies hat auch zur Folge, daß Sie die Namen und Adressen der Beantworter erfahren. Wenn Sie eine entsprechende Datenbank haben, können Sie dann hier entsprechende Informationen speichern. Bedenken Sie aber, daß das Versenden der Geschenke viel Arbeit macht!

● *Persönliche Interviews*

Mündliche Befragungen sind sicher die aufwendigste, aber auch die verläßlichste Form der Befragung. Wenn Ihre Organisation eher regional tätig ist, können Sie Besuche bei Spendern (natürlich nach vorheriger brieflicher Ankündigung) selbst machen. Sobald eine Agentur diesen Auftrag ausführt, müssen Sie mit deutlich höheren Kosten rechnen.

Welche Form der Informationsbeschaffung Sie auch wählen, wichtig ist immer, daß Sie die Informationen auswerten und intelligent einsetzen. Durch die Marktforschung erfahren Sie, wofür sich Ihre Spender in erster Linie interessieren und welche Maßnahmen sie am liebsten unterstützen. Diese Informationen können Sie auch für den Inhalt Ihrer Mailings an potentielle, neue Spender einsetzen.

Mailings –
so perfekt wie möglich!

5

Das perfekte Mailing gibt es nicht, denn jedes Mailing richtet sich mit einem speziellen Anliegen an eine spezielle Zielgruppe, aber: Sie können sich ihm annähern. Dabei sind die folgenden Tips hilfreich:

1. Mentale Einstimmung: Wem schreibe ich warum?

Ihr Mailing sollte ein Thema haben, das sich durch alle Bestandteile des Mailings zieht und immer wieder aufgenommen wird. Wenn es z. B. einen Text auf dem Umschlag gibt, sollte er sich auf den verschiedenen anderen Bestandteilen wiederfinden, besonders auf dem Einzahlungsschein, der zuletzt in die Hand genommen wird.

Die Texte sollten spezifisch für Ihre Organisation und nicht auswechselbar sein. *„Ihre Spende hilft helfen"* oder *„Hilfe tut not"* sind keine organisationsspezifischen Slogans, sondern Allgemeinplätze.

Ich schlage Ihnen eine Übung vor, die Sie jedesmal machen sollten, wenn Sie mit der Arbeit beginnen wollen. (Auch wenn Sie viel Routine haben, ist es immer gut, sich auf das Wesentliche zu besinnen.)

Sehen Sie sich den folgenden Fragebogen an und machen Sie sich Fotokopien für spätere Mailings, bevor Sie ihn ausfüllen.

Sie sollten versuchen, in den Fragebogen eine fiktive Person einzusetzen, die Sie z. B. aufgrund einer Spender-Befragung erschaffen können. Wenn Sie derartige Informationen nicht besitzen, gibt es folgende Möglichkeiten:

1. Sie denken an einen Spender, den Sie kennen.
2. Sie denken an den Prototyp eines Spenders. Hier fügen Sie möglichst viele Details ein, um ihn zum Leben zu erwecken.

Noch besser ist es, wen Sie zum mentalen Bild noch ein Foto finden, das die Person zeigt. Der Brief wird dann sicher noch spezifischer und lebendiger.

Checkliste: Vorbereitung eines Mailings

1. Wem schreiben Sie, wer ist Ihr(e) Spender(in)?

Name: ....

Alter: ....

Familienstand: ....

Bildungsstand: ....

Einkommen: ....

Wohnform (Mietwohnung, eigenes Haus usw.): ....

Interessen, spezielle Informationen: ....

2. Was soll der/die Leser(in) Ihres Briefes tun?

Ich möchte, daß er/sie: ....

....

weil: ....

....

Die Unterstützung/Spende wird dazu führen, daß: ....

....

3. Wie motiviere ich den/die Leser(in) des Briefes?

Unsere Organisation verdient Unterstützung, weil: ....

....

Welches ist das Hauptmotiv fürs Helfen, warum bitten wir den/die
Leser(in), etwas zu tun? ....

....

Was geben wir dem/der Spender(in) als Belohnung und Dank für
seine/ihre Spende?

Immaterielle Werte: ....

Materielle Geschenke: ....

Anderes: ....

....

Wie vermitteln wir dem/der Spender(in) das Gefühl von Wichtigkeit?

....

....

Können wir die Geschichte eines Menschen/einer Gruppe erzählen,
dem/der unsere Organisation hilft? ....

Wer ist das? ....

Checkliste: Vorbereitung eines Mailings

Wo lebt er/leben sie? ....

Was führte dazu, daß diese(r) Mensch(en) unsere Hilfe brauchen?

Was geschah? Wann und wo? ....

....

....

Wie kann unsere Organisation Hilfe leisten? (Erklären Sie, welcher
Ihrer Mitarbeiter welche Hilfe leistet bzw. welche Tätigkeiten ausführt.)

....

....

Wie hilft eine einzelne Spende? Was bewirken welche Beträge?

....

....

Zeitaufwand für den Mailing-Entwurf

Die nachstehenden Mailing-Bestandteile sind in der Reihenfolge ihrer
Wichtigkeit genannt:

- Zahlschein
- Text auf dem Briefumschlag (Damit der Brief auch geöffnet wird,
  sollten Sie am meisten Zeit mit der Formulierung dieses Textes
  verbringen.)
- Erster Satz des Briefes
- Erster Satz jedes folgenden Paragraphen
- P. S.
- Prospekt: Text auf Umschlag und Überschriften
- Restliche Texte

Denken Sie bitte beim Schreiben an diese Gewichtung. Sie werden
sehen, wie schwer es Ihnen fällt, sich daran zu halten. Immer wieder
werden Sie versucht sein, stundenlang am Text des Prospektes zu fei-
len. Er wird aber vielleicht nur noch von 20 % der Empfänger gelesen.

Eine kleine Umfrage bei Direct Mail-Fundraising-Profis hat ergeben,
daß sie beim Entwerfen und Schreiben eines Mailings ihre Zeit fol-
gendermaßen einteilen:

Umschlag	30 %
Brief, Prospekt	50 %
Zahlschein	20 %

(Der verhältnismäßig niedrige Prozentsatz für den Zahlschein erklärt sich aus diversen technischen Vorschriften, die nur wenig Raum für Gestaltungsmöglichkeiten bieten.)
Was aber ist der wichtigste Teil eines Mailings? Der Brief? Die Beilage? Der Umschlag? Der Prospekt? Alles falsch! Der wichtigste Bestandteil jedes Mailings ist der Zahlschein!

2. Der Zahlschein – besonders wichtig!

Zum Zahlschein muß alles hinführen, ihn muß der potentielle Spender in die Hand nehmen.
In der Abbildung habe ich die relative Bedeutung der verschiedenen Bestandteile eines Fundraising-Mailings gewichtet. Sehen Sie, wie der Zahlschein an Größe alles überschattet? Wie die anderen Teile zu ihm hinführen? Diese Stufenleiter sollte in Ihrem Kopf (und vielleicht als Fotokopie über Ihrem Schreibtisch) immer präsent sein.

Bestandteile eines Fundraising-Mailings und ihre relative Bedeutung

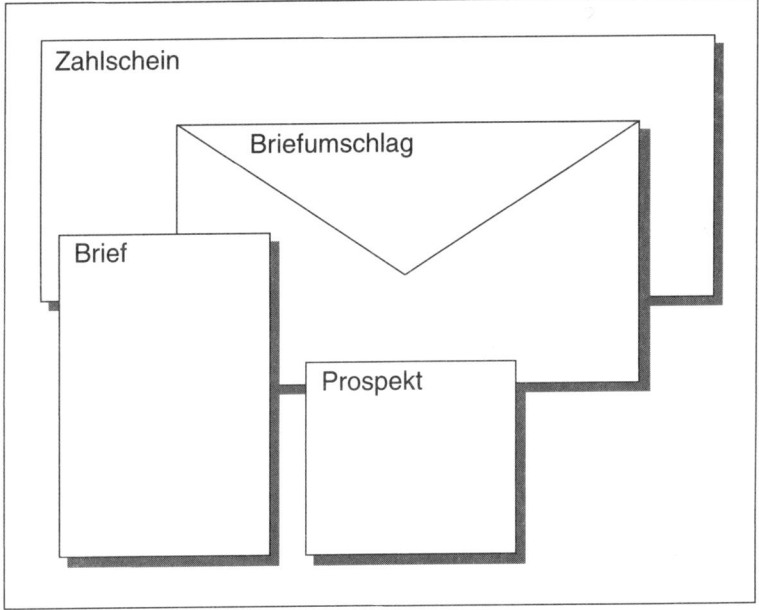

Die folgende Abbildung zeigt, wie der Empfänger des Mailings die verschiedenen Teile des Mailings betrachtet. Je mehr Teile er ansieht, desto näher sind Sie dem Erfolg. Auf jeden Fall muß es der Leser bis zum „Knackpunkt" schaffen: Wenn er den Zahlschein das erste Mal zur Hand nimmt, ist der Weg zur Spende geebnet.

Lesevorgang Spenden-Aufforderung

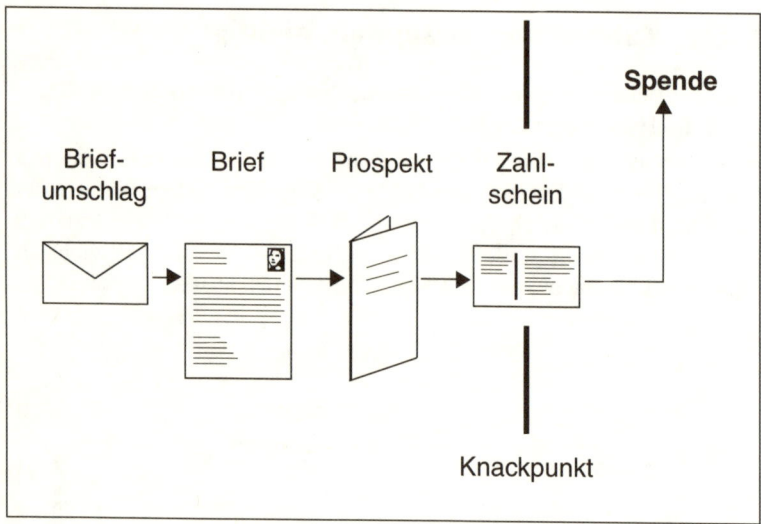

3. Der Umschlag: Wie erweckt er Aufmerksamkeit?

Wenn der Umschlag nicht geöffnet wird, war die ganze Arbeit vergebens.

Wenn Sie Ihren Briefkasten leeren, welche Briefe öffnen Sie zuerst? Wahrscheinlich Briefe von Freunden und von Verwandten. Also Briefe mit handgeschriebener Adresse und Briefmarke. Heißt das, Sie sollten versuchen, ein Mailing zu schaffen, das aussieht wie ein Privatbrief? Ja und nein.

Bleiben wir realistisch: Wie wollen Sie bei einem Versand von mehreren tausend, zehntausend oder hunderttausend Stück den persönlichen Anstrich erreichen? Haben Sie Freiwillige, die Umschläge beschriften, die Briefmarken aufkleben? Oder sind Sie bereit, für das maschinelle Aufkleben der Briefmarken zusätzlich zu zahlen? Und was denkt der Spender, der meint, ein persönliches Schreiben zu erhalten, dann aber feststellt, daß es „nur" ein Bettelbrief ist? Fühlt er, daß man versucht hat, ihn zu manipulieren, an der Nase herumzuführen? Wenn wir realistisch sind, unterwerfen wir uns den Gesetzen des Massen-Mailings, leben damit und machen das Beste daraus.

Massen-Mailings – wichtige Regeln zur Umschlaggestaltung

Wenn Sie diese befolgen, sieht Ihr Mailing so privat wie möglich aus und wird doch preisgünstig hergestellt:

- Beschriften Sie die Umschläge handschriftlich oder verwenden Sie Fensterkuverts. Benutzen Sie niemals aufgeklebte Adressen, denn damit haben Sie Ihr Mailing in den Augen des Empfängers als Massenversand gekennzeichnet und disqualifiziert. Für die meisten von uns sind Fensterumschläge aus technischen Gründen notwendig. Das bedeutet, daß die Adresse des Empfängers auf dem Brief oder auf dem Einzahlungsschein (der dann als Adreßträger im Fenster sichtbar ist) erscheint.

- Machen Sie klar, daß der Absender nicht nur eine Organisation, sondern auch ein Mensch ist. Ergänzen Sie den Namen des absendenden Werkes durch den Namen des Menschen, der den Brief unterschreibt, also z. B.: Humanitag, Dr. Karl Müller.

- Sinnvoll finde ich es auch, auf dem Umschlag einen „Teaser" anzubringen, d. h. einen aufmerksamkeitsstarken Satz, ein Bild oder etwas, das neugierig macht oder zusätzliche Information über den Inhalt verrät. Dies gilt besonders für kalte Mailings.

Wie gestalte ich nun einen Umschlag, der den Empfänger dazu bringt, ihn zu öffnen? Hier sind vier Hilfsmittel (einschließlich Beispiel auf S. 54):

- Erregen Sie die Neugier des Lesers mit einem Satz.
- Fordern Sie die Zustimmung des Lesers heraus.
- Bilden Sie ein Foto, eine Zeichnung, ein beigelegtes Geschenk ab: Ein Bild sagt mehr als tausend Worte.
- Erregen Sie die Neugier des Empfängers durch einen neutralen Umschlag.

Merke:
Heben Sie sich entweder von der Masse ab (wenn Sie wollen, daß man Sie erkennt), oder bleiben Sie so anonym wie möglich (wenn Sie den Neugiereffekt erzielen wollen).

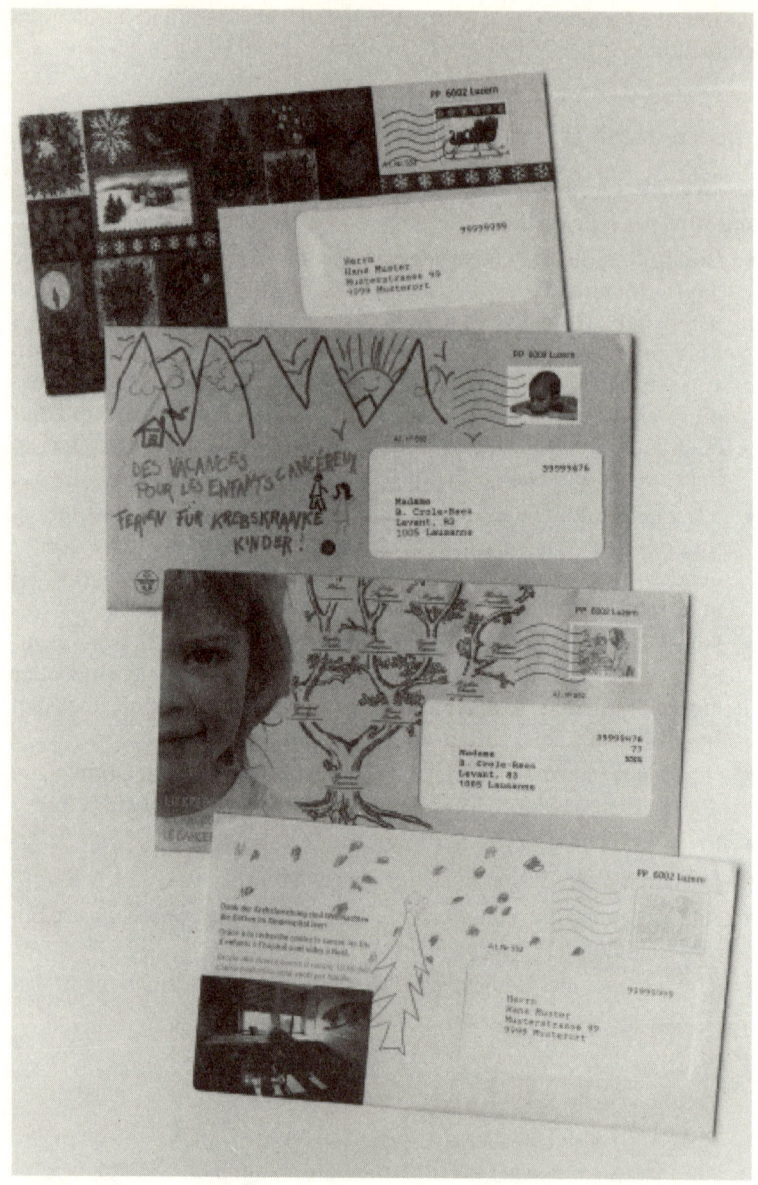

Umschläge müssen geöffnet werden – sonst nützt der beste Brief nichts

4. Wie schreibt man einen Spenden-Brief?

Den ersten Sieg haben Sie schon errungen, wenn der Empfänger Ihr Schreiben nicht sofort weggeworfen, sondern geöffnet hat und jetzt damit beginnt, den Brief zu lesen, anzusehen, zu überfliegen.

Die zwölf Hilfsmittel für den Superbrief

Der Brief ist der Teil Ihres Mailings, der Emotionen, Gefühle, vermitteln soll. Denn: Nur Gefühle führen zum Spenden, nicht die Logik. Der Brief ist also ein wichtiger Bestandteil, um den potentiellen Spender dazu zu bringen, zum Zahlschein zu greifen. Hier ist eine Liste der Hilfsmittel, mit denen Sie Briefe wirkungsvoll verfassen und gestalten:

	Checkliste: Verfassen und gestalten eines Mailing-Textes
1.	Schreiben Sie über Menschen, Dinge, Tatsachen – nicht über abstrakte Konzepte.
2.	Schreiben Sie, wie Sie sprechen. Verwenden Sie auf keinen Fall Amtsdeutsch.
3.	Schreiben Sie in der „Ich"-Form, als Mensch, nicht als Funktionsträger.
4.	Versetzen Sie sich in die Lage des Empfängers. Schreiben Sie nicht aus Ihrer Perspektive, sondern empfängerorientiert.
5.	Konstruieren Sie Ihren Brief, kommen Sie von der Anekdote zum Wesentlichen.
6.	Bilden Sie Sätze mit Verben, vermeiden Sie Hilfsverben.
7.	Beginnen Sie für jede Idee einen neuen Paragraphen.
8.	Schreiben Sie kurze Sätze, verwenden Sie kurze Wörter.
9.	Streuen Sie direkte Fragen und Ausrufe ein.
10.	Unterstreichen Sie. Markieren Sie wichtige Passagen.
11.	Gestalten Sie Ihren Brief visuell interessant.
12.	Vergessen Sie das P.S. als Verstärker der Hauptidee nicht.

Sie wollen etwas vom Leser, nicht umgekehrt!

Je länger die Worte und Sätze, desto unzugänglicher erscheint der Inhalt. Die kürzesten Worte und Sätze finden Sie in Comics. Lassen Sie sich einmal von Comics inspirieren. Stellen Sie sich vor, Sie müßten Ihre Geschichte, Ihr Anliegen in dieser Form darstellen. Finden Sie Worte und Bilder, die das Wesentliche auf einfache Art übermitteln.

Fazit:

Machen Sie Ihren Brief leserfreundlich, gut lesbar – kurze Worte, kurze Sätze, kurze Paragraphen. Verwenden Sie Unterstreichungen und Hinweise.

Der Weihnachtsbrief

Das schwierigste sind die Weihnachtsbriefe. Sie müssen oft schon im August geschrieben werden, damit die Produktion rechtzeitig beginnen kann. Ein im August geschriebener Brief trifft beim Leser und potentiellen Spender dann im November oder Anfang Dezember ein.

Weihnachten ist für viele ältere Menschen eine Zeit der Erinnerung an die Jahre, in denen in ihrem Leben noch viel los war: Kinder, Beruf, oft zuviel Arbeit und zuviel Lärm. Die Erinnerung an diese Zeit ist geblieben, ein wenig melancholisch, ein wenig verklärt. Weihnachten ist oft auch eine Rückbesinnung auf die eigene Kindheit – auf die schönen und traurigen Momente.

Diese Momente gilt es zu beschwören, zu aktivieren und für eine positive Aktion einzusetzen. Wenn ich im Brief eine weihnachtliche Stimmung schaffe, versuche ich genau das. Dazu ziehe ich die Vorhänge zu, stecke Kerzen an, verbrenne einen Tannenzweig und lese ein Buch mit Weihnachtsgeschichten deutscher Dichter. Langsam stellt sich die Weihnachtsstimmung ein. Jeder wird seine persönliche Erinnerung haben – aber es gibt archetypische Bilder, und diese sollen erweckt werden.

Wenn das Bild steht, wenn der erste Satz stimmt, wenn der erste Absatz wie selbstverständlich fließt, wird es einfach. Die Geschichte, die Weihnachten als Auslöser hat, entrollt sich langsam, ohne Eile. Sie läuft über in den konkreten Aufruf zu spenden – Not zu lindern mit einer Spende aus Anlaß des Weihnachtsfestes.

Der Geschichtenbrief

Er stellt das Problem anhand einer tatsächlich vorgefallenen Begebenheit dar. Sie muß sich zur „Geschichte" umfunktionieren lassen können und Aufhänger sein für die Bitte um eine Spende.

Solche Geschichten findet man im Gespräch! Im Gespräch mit Betroffenen, im Gespräch mit Sozialarbeitern, mit Ärzten, mit Menschen, die involviert sind, die diese Situation gelebt haben.

Wieder stehen Authentizität und Archetypus im Vordergrund. Sie müssen eine Geschichte finden, die etwas beim Leser auslöst, die sein Herz berührt. Und das sind nicht immer Schauergeschichten. Wir sind überfüttert mit Schreckensbildern. Es braucht viel, bis die Kriegs- und Hungerbilder im Fernsehen durch eine Geschichte im Brief übertroffen werden können.

Mein Rat an Sie: Versuchen Sie es nicht. Schlagen Sie leisere Töne an!

Der Aktionsbrief

Er wird typischerweise zu Beginn des Jahres geschrieben. Er gibt einen Rückblick auf die Leistungen im vergangenen Jahr, listet auf, was für dieses Jahr geplant ist, und bittet um Unterstützung für die laufende Arbeit. Dieser Brief ist häufig sehr erfolgreich, weil die Spender sich aufgerufen fühlen, die spendensammelnde Organisation am Jahresanfang bei ihren geplanten Aktionen zu unterstützen und eine Art Jahresbeitrag zu leisten.

Dieser erste Brief ist – genau wie der Weihnachtsbrief – einer der erfolgreichsten, obwohl beide Briefe unmittelbar aufeinanderfolgen. In manchen Fällen liegen nur zwei Monate zwischen den Versanddaten, und doch sind diese beiden die ertragreichsten des ganzen Jahres.

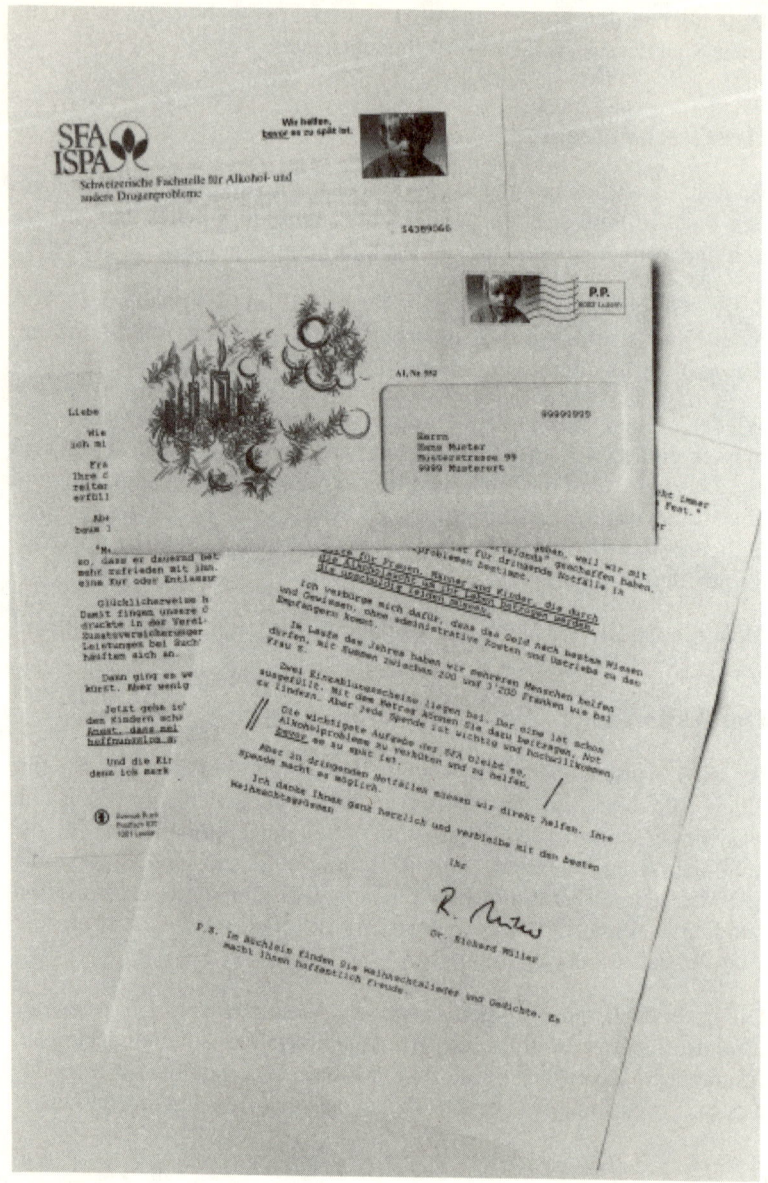

Ein Weihnachts-Mailing an die Hausliste: seit Jahren in dieser Form erfolgreich

Wie bitte ich um Geld?

Vergessen Sie nie: Das Ziel eines Briefes besteht darin, Geld für die Arbeit Ihrer Organisation zu beschaffen. Am besten ist es, wenn Sie einen Gegenwert für verschiedene Spendenhöhen erläutern, z. B.:

- Mit 20,– DM/SFr. zahlen Sie Kranken eine Haushaltshilfe für eine Stunde.
- Für 25,– DM/SFr. können wir einen jungen Forscher für eine Stunde bezahlen.
- Mit 27,– DM/SFr. sind die Kosten für einen Ferientag gedeckt.
- Mit 35,– DM/SFr. zahlen Sie einen Monat lang Essen und Schulgeld für ein Kind in Haiti.

Fällt es Ihnen schwer, einen Gegenwert für einen bestimmten Betrag aufzuführen? Hier sind ein paar exotischere Beispiele:

- Für 50,– DM/SFr. können wir einen Freiwilligen ausbilden, der unser Nottelefon besetzt.
- Mit 120,– DM/SFr. sind für eine Minute die Unterhaltskosten des Forschungslabors gedeckt.
- Für 20,– DM/SFr. können wir fünf Bibeln verteilen.
- Für 120,– DM/SFr. kann die Wohnung eines alten Menschen gründlich geputzt werden.

Diese Beispiele zeigen, daß sich die Betriebskosten fast jeder Organisation in kleine, einleuchtende Summen aufbrechen lassen.

5. Der Brief: Welche praktischen Hilfsmittel haben sich bewährt?

In diesem Kapitel wird ein praktisches Beispiel für ein erfolgreiches kaltes Mailing beschrieben, also ein Brief an Menschen, die noch nicht Spender der Organisation sind, sie vielleicht noch gar nicht kennen.

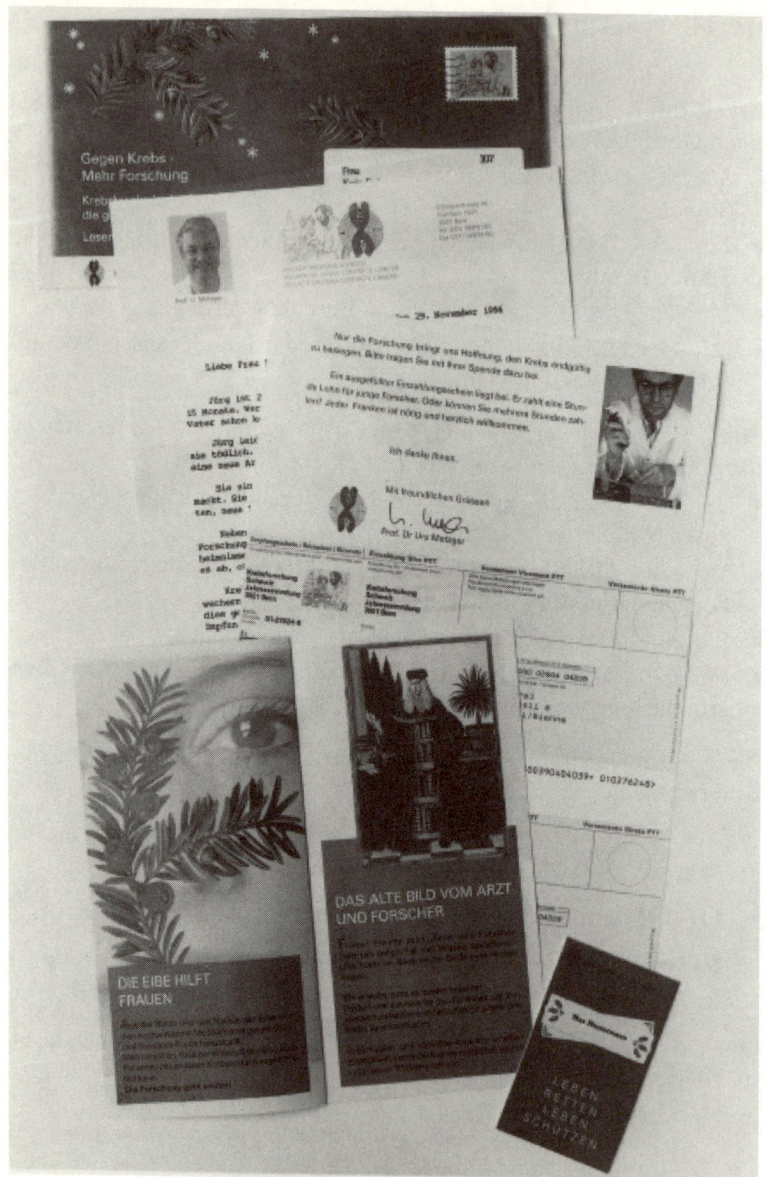

Ein kaltes Mailing für die Krebsforschung –
klassisch und konventionell für ein starkes Thema

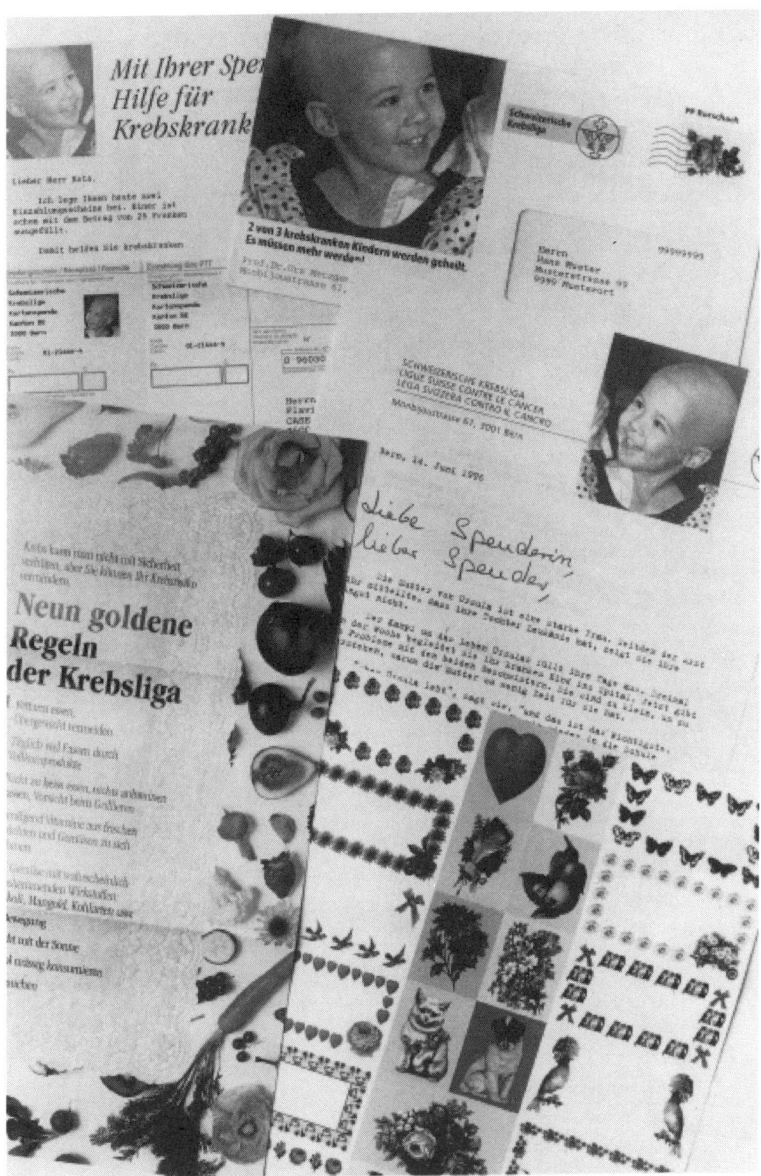

Ein kaltes Mailing für Hilfe und Betreuung von Krebskranken mit Hinweisen zur Prävention. Rechts unten farbige Klebe-Etiketten

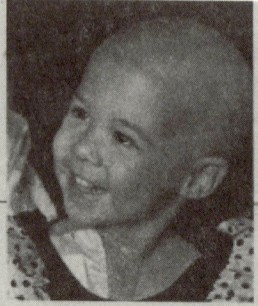

SCHWEIZERISCHE KREBSLIGA
LIGUE SUISSE CONTRE LE CANCER
LEGA SVIZZERA CONTRO IL CANCRO

Monbijoustrasse 61, 3001 Bern

Bern, 14. Juni 1996

*Liebe Spenderin,
lieber Spender,*

Die Mutter von Ursula ist eine starke Frau. Seitdem der Arzt ihr mitteilte, dass ihre Tochter Leukämie hat, zeigt sie ihre Angst nicht.

Der Kampf um das Leben Ursulas füllt ihre Tage aus. Dreimal in der Woche begleitet sie ihr krankes Kind ins Spital. Jetzt gibt es Probleme mit den beiden Geschwistern. Sie sind zu klein, um zu verstehen, warum die Mutter so wenig Zeit für sie hat.

"Aber Ursula lebt", sagt sie, "und das ist das Wichtigste. Unsere Freude war grenzenlos, als Ursula wieder in die Schule gehen konnte. Wir meinten, ihre Schulkollegen würden sich freuen. Aber es kam anders. Es gab Gerüchte in Dorf, Ursula hätte eine ansteckende Krankheit, deshalb wären ihr die Haare ausgefallen.

Vreni und Hansli wollten in der Schule nicht neben Ursula sitzen. Als ich das hörte, hatte ich fast einen Zusammenbruch. Jetzt sollte mein Kind in der Schule ausgestossen sein und noch weiter leiden. Glücklicherweise sprach ich mit der Mitarbeiterin von der Krebsliga, und wir suchten einen Weg.

Ich sprach direkt mit dem Klassenlehrer. Er erklärte den Kindern, was Ursula mit ihrem Krebsleiden durchgemacht hatte, warum sie ihre Haare verlor und krank und schwach aussah. Der erste Schultag war ein Fest für Ursula. Auf ihrem Pult lagen kleine Geschenke, und ihre Mitschüler sangen ein Begrüssungslied für sie.

Für Ursula geschah ein kleines Wunder - einfach durch ein Gespräch."

Aber es braucht mehr. Sie haben es in der Familie von

Ursula gesehen: Die Mutter hat keine Kraft mehr für die
Geschwister von Ursula und den Mann, fast keine Zeit mehr für die
Hausarbeit. Ausserdem müssen zusätzliche Ausgaben von
ohnehin nicht sehr grossen Lohn bestritten werden. Auch hier
hilft die Krebsliga.

Ich möchte Sie um Ihre Spende für krebskranke
Patienten bitten. Wir möchten schnell und ohne
Papierkrieg helfen.

Neben dieser direkten Hilfe gibt es die lebenswichtigen
Ausgaben der Krebsliga: Forschung, um Ursachen der Krankheit zu
erkennen und die Behandlung zu verbessern. Verhütung, um
Menschen vor Krebs zu schützen.

Wussten Sie, dass Krebskranke in der Schweiz
die höchsten Überlebenschancen in Europa haben?

Ihre Spende hilft dabei. Ich danke Ihnen.

Mit freundlichen Grüssen

Prof. Dr. Urs Metzger
Präsident Schweizerische Krebsliga

PS: Ihre Spende geht direkt auf das Konto der Krebsliga in Ihrem
Kanton. Ich verbürge mich dafür, dass das Geld für den Kampf
gegen den Krebs eingesetzt wird.

Professor Urs Metzger, Präsident der Krebsliga,
ist Chirurg und behandelt Krebspatienten.

Erläuterungen zum vorhergehenden Briefbeispiel

Dieser Brief ist ein Beispiel für ein preisgünstiges kaltes Mailing. Aus Kostengründen ist einer der wichtigsten Verstärker in diesem Brief nicht vorhanden: die Personalisierung. Nirgends erscheint der Name des Empfängers, statt dessen beginnt der Brief mit einer unverbindlichen Anrede. Der Empfänger kann also nicht als erstes seinen Namen finden und sich so schon angesprochen fühlen. Daher haben wir in diesem Brief besonders viele andere Hilfsmittel eingesetzt:

- Ein großes Foto

  Nehmen Sie nicht das Bild des Unterschreibenden, sprich: Kopf und Krawatte, sondern das Bild eines strahlenden Kindes – trotz der Tatsache, daß es krank ist.

  Wenn Sie jetzt einwenden: „Unsere Fälle sind nicht spektakulär. Wir können keine Fotos von Kindern einsetzen! Wir haben keine Fotos!", denken Sie bitte an diejenigen, denen Ihre Hilfe zugute kommt, den- oder diejenige ganz am Ende der Kette, den eigentlichen Empfänger. Finden Sie ein Foto, das ihn oder sie im Moment der Verzweiflung oder Freude zeigt.

  Es lohnt sich, in die Suche nach einem geeigneten Foto ebensoviel Zeit zu investieren wie in die Redaktion des Textes.

- Die handgeschriebene Anrede

  Sie müssen entscheiden, wie diese Anrede lauten soll. Klar ist, daß der Aufmerksamkeitswert höher ist, wenn der Anredetext nicht in Druckbuchstaben, sondern handschriftlich geschrieben ist.

- Die Geschichte, der Einzelfall

  Anhand der Geschichte erläutern wir die Arbeit unserer Hilfsorganisation. In diesem Beispiel wird beschrieben, wie Ursula und ihrer Mutter das Leben erleichtert wird.

- Optische Auflockerung des Briefes

  Auflockerungen erreichen Sie durch das Hervorheben einzelner Textpassagen mit einem Leuchtstift oder durch Unterstreichungen. Hier geht es um visuelle Haltepunkte für das Auge. (Alle, die sich dafür interessieren, wie Menschen lesen, verweise ich auf die Arbeiten von Prof. Vögele; siehe Literaturhinweise.)

● In der Kürze liegt die Würze

Kurze Wörter und kurze Absätze machen den Brief leicht lesbar. Vergessen Sie nicht: Sie wollen etwas vom Empfänger, nicht umgekehrt. Untersuchungen haben ergeben:

– Kein Absatz sollte länger als sechs Zeilen sein

– Kein Wort sollte mehr als drei Silben haben

Andernfalls stolpert der Leser über langatmige, schwerfällige Formulierungen, der Lesefluß wird unterbrochen. Lesen Sie Ihre Texte nochmals durch, und zählen Sie Silben und Zeilen!

● Überlaufen des Textes auf die Rückseite

Der letzte Satz auf der ersten Seite sollte mittendrin aufhören und auf der Rückseite fortgeführt werden; vielleicht sogar mitten im Wort auf die nächste Seite springen. Beobachten Sie sich selbst: Es ist fast unmöglich, die Seite nicht zu wenden. Dieses Hilfsmittel ist stärker als der Zusatz „bitte wenden".

● Die Schrift

– Alte Typographie: Das Schriftbild sollte einer alten Schreibmaschine nachgebildet sein. Damit wird signalisiert, daß nicht in teure Computer oder Bürogeräte investiert wird, um unsere Briefe „schön" zu gestalten, sondern in die Arbeit mit den Betroffenen.

– Serifenschrift: Diese Art der Schrift (mit Füßchen) ist lesefreundlich.

– Eingezogene Absätze: Jeder Absatz beginnt mit Leerzeichen; auch das macht den Brief lesefreundlicher.

– Kein Blocksatz oder Absätze, die links- und rechtsbündig abschließen (wie bei Büchern), sondern mit Absicht unregelmäßige Zeilen (Flattersatz). Dies signalisiert wieder: Es liegt ein handgetippter Brief, kein Computerschreiben vor.

● Das Post Scriptum

Das P. S. wird oft direkt nach der Anrede gelesen und bleibt im Gedächtnis haften. Verschwenden Sie es nicht! Bringen Sie hier einen wichtigen Aspekt oder wiederholen Sie den stärksten Gedanken.

- Mehr Hervorhebungen auf der zweiten Seite

  Auf der zweiten Seite läßt die Aufmerksamkeit des Lesers nach. Sie müssen mehr unternehmen, um ihn bei der Stange zu halten. Ein komplett eingerückter Absatz, seitlich gekennzeichnet, mehr Leuchtstift oder eine zusätzliche Unterstreichung können hier helfen.

- Blaue Unterschrift vom Absender

  Sie lächeln und sagen: Das weiß doch jeder, daß das eingedruckt ist. Machen Sie den Test: Achten Sie darauf, wenn Sie Post erhalten, wie langweilig eine schwarze Unterschrift wirkt. Es gibt gewisse Bilder, die wir in unserem Bewußtsein gespeichert haben. Dazu gehört, daß uns eine Unterschrift mit Tinte mehr berührt als eine schwarze.

- Ein zweites Foto

  Ein weiteres Mittel, um die Aufmerksamkeit des Lesers auf der zweiten Seite aufrechtzuerhalten, ist der Einsatz eines weiteren Fotos. Auch hier sollten Sie wieder das Bild eines Betroffenen auswählen, das den Leser emotional anspricht.

Alle diese Hilfsmittel haben das Ziel, die Aufmerksamkeit des Lesers zu wecken, ihn zu fesseln. Kein Hilfsmittel allein ist absolut notwendig oder macht den Erfolg oder Mißerfolg des Briefes aus, aber alle zusammen erfüllen ihren Zweck.

> *Wichtig:*
> Verwenden Sie die Hilfsmittel, damit der Brief lesefreundlich wird, verwenden Sie aber nicht zu viele, da der Brief sonst verworren wirkt.

6. Der Brief – formale Kriterien

Die Brieflänge

Bei der Frage nach der Brieflänge scheiden sich die Geister. Eindeutige Regeln gibt es nicht, aber es gibt Argumente für und wider.

- Eine Seite

  Viele Fundraiser sind der Ansicht, daß der Brief die wichtigsten Argumente kurz gedrängt darstellen und nicht länger als eine Seite sein soll (mehr Information gibt es meistens im beiliegenden Prospekt). Ein ungeduldiger Leser sieht so auf den ersten Blick, um was es sich handelt und was der Absender von ihm erwartet. Für kalte Mailings durchaus zu empfehlen!

● Zwei Seiten (also Vorder- und Rückseite)
Um eine Geschichte überzeugend zu erzählen oder ein Fallbeispiel darzustellen, benötigen Sie Raum. Ich halte zwei Seiten für die ideale Länge für Ihre „warme Liste", Ihre eigenen Spender.

● Drei oder vier Seiten
Diese Länge ist für weniger einleuchtende Anliegen, die einer längeren Begründung und Vorstellung bedürfen, vorstellbar. Auch kann man bei dieser Länge überzeugten und guten Spendern zusätzliche Informationen über spezielle Projekte geben. Diese Spender lesen meist bis zum Ende. Einige Experten meinen, daß dies eine gute Länge für weniger bekannte Organisationen sei.

Manch ein Fundraiser ist dazu übergegangen, kürzere Briefe an Niedrig- und Selten-Spender und längere Briefe an die Stamm-Spender zu senden. Das müssen Sie testen (vgl. S. 92 ff.). In meiner Praxis sind die Tests nicht überzeugend genug ausgefallen, als daß sich der Mehraufwand lohnte.

Die Unterschrift

Die Unterschrift muß vertrauenerweckend wirken. Daher sollte sie leuchtend blau, mit dicker Feder und ruhiger, möglichst leserlicher Schrift erfolgen. Darunter sollte der Name noch einmal maschinengeschrieben erscheinen.

Seien Sie vorsichtig mit der Wahl des Titels. Günstig sind unprätentiöse Titel wie „Leiter" usw. Nicht zu empfehlen ist ein Titel wie „Spenden-Beauftragter". Die Funktion des Unterschreibenden soll in Zusammenhang mit den erklärten Zielen der Organisation stehen und nicht mit der Geldbeschaffung.

Wichtig:
Setzen Sie stets nur eine Unterschrift ein. Zwei Unterschriften sehen nach Administration aus.

7. Der Prospekt: Wer soll ihn lesen?

Die meisten Organisationen halten den Prospekt, die Beilage, für den wichtigsten Teil des Mailings. Dies ist der Teil, in dem man so viele Informationen wie möglich unterbringt, Ziele und Aufgaben beschreibt und darstellt, damit der Spender genau weiß, mit wem er es zu tun hat. Hier ringt man um jedes Wort, wählt die Fotos mit extremer Sorgfalt, kurz: Man stellt sich selber dar.

Genau hier liegt das Problem: Ein Mailing muß – damit es erfolgreich ist – empfängerbezogen sein. Es muß dem Spender gefallen, ihn überzeugen. Eine Selbstdarstellung, aus der Sicht der Organisation geschrieben, ist hier ein Minenfeld.

„Nichts zu senden ist besser, als etwas Unpassendes zu senden", sagen Experten. – Nicht überzeugt? Meinen Sie, man benötigt einen Prospekt, um den potentiellen Spender von Ihrer Seriosität zu überzeugen? Testen Sie es gleich in Ihrem nächsten oder ersten Mailing!

Ich habe beides erlebt, bessere Ergebnisse mit und ohne beiliegendem Prospekt. Da die Wirkung des Prospekts stark vom Inhalt und der Auswahl der Bilder abhängt, rate ich Ihnen: Produzieren Sie einen Prospekt nur, wenn Sie wirklich überzeugende Beispiele Ihrer Arbeit und gutes Bildmaterial haben.

Wichtige Tips zur Prospektgestaltung

Achten Sie bei der Prospektgestaltung darauf, daß

- er nicht zu groß wird. Wählen Sie keine ausgefallenen Formate, keinen Luxus!
- er lesefreundlich ist. Verwenden Sie einen Schriftgrad, der auch für ältere Menschen leicht lesbar ist.
- mehrere große Fotos von Menschen verwendet werden. Vermeiden Sie Fotos von Gebäuden oder Geräten. (Sogar wenn das Geld für eine Maschine bestimmt ist, sollte diese Maschine nur klein, die Menschen aber, denen sie Vorteile bringt, groß dargestellt werden.)
- eine geeignete Papiersorte ausgesucht wird. Der Prospekt sollte auf keinen Fall luxuriös, aber doch ansprechend aussehen.
- er aufgelockert wirkt. Ob Sie schwarz-weiß oder farbig drucken, hängt von Ihrem Budget ab.

Merke:
Prospekte sollten einfach, gut verständlich, kurz und präzise sein!

Mailings – wann und wie oft?

6

1. Der Zeitpunkt des Mailings – die besten Termine im Jahr

Entscheidend ist der Zeitpunkt, zu dem Sie Ihre Briefe versenden. Dies trifft besonders auf kalte Mailings zu – aber auch für eigene, bestehende Spender ist der Versandrhythmus von großer Wichtigkeit.

Weihnachten hat für Fundraising eine fast magische Bedeutung. Nahezu jede Organisation versendet einen Spenden-Aufruf zu diesem Zeitpunkt, denn er ist traditionell die erfolgreichste Sammelzeit im Jahr, wenn auch eine leicht abnehmende Tendenz erkennbar ist.

Die weihnachtlichen Spenden-Aufrufe mancher Organisationen erreichen ihre Adressaten bereits im Oktober; am häufigsten erfolgt der Versand Anfang bis Mitte November, und ein paar Mailings treffen kurz vor den Festtagen ein, wenn in den Haushalten die Rechnungen zum Jahresende gezahlt werden.

Der zweitbeste Versandtermin liegt Anfang des Jahres. Lassen Sie sich nicht davon beeinflussen, daß beide Daten nahe zusammenliegen. Weihnachten spendet man aus Mitleid und Liebe – Anfang des Jahres leistet man einen Beitrag für die Arbeit der zu unterstützenden Organisation.

Früher galt es als Binsenweisheit, daß der Hochsommer als Versandtermin nicht geeignet ist. Man ging davon aus, daß Ferien und das schöne Wetter die Lust am Lesen und das allgemeine Interesse zügelten. Die Marktforschung von Reisebüros zeigte jedoch, daß ältere Menschen – die den höchsten Spender-Anteil ausmachen – im Juli und August zu Hause bleiben und ihre Ferien in andere Monate verlegen. Ein Mailing zu diesem Zeitpunkt kann sich also durchaus lohnen. Hinzu kommt, daß das Sommerloch noch weitere Vorteile hat: In einem fast leeren Briefkasten fällt Ihr Mailing stärker auf.

Dieses Beispiel zeigt auch, wie Sie von der Marktforschung anderer Branchen profitieren können: Immer wenn die Altersgruppe ab 50 Jahre erwähnt wird, sollten Sie besonders aufmerksam werden.

Besonders geeignet sind die Sommermonate für Mailings, die z. B. um Unterstützung zur Finanzierung von Ferienaufenthalten für Kinder bitten. Seit Jahren versende ich derartige Mailings, ursprünglich im April – damit die gespendete Summe für die Planung des kommenden

Sommers bekannt war; der Versand im Juli erhöhte den Rücklauf jedoch substantiell.

Der Sommer ist ebenfalls ein guter Zeitpunkt für Spenden-Aufrufe von Umwelt-Organisationen. Naturprojekte lassen sich bei gutem Wetter anschaulich erläutern, insbesondere wenn die Spender sich selbst vor Ort begeben können.

Dies sind Erfahrungswerte. Die Menschen und ihre Gewohnheiten ändern sich jedoch rapide. Darum ist ein ehemals erzieltes Testergebnis nicht für immer und vielleicht nicht für Ihre Organisation gültig.

Auch beim Versandtermin gilt: Gerade wenn Sie Ihr erstes Mailing-Programm starten, versuchen Sie nicht, besonders clever zu sein und dann zu versenden, wenn es sonst keiner tut. Die meisten Organisationen haben die Termine gründlich getestet und versenden dann, wenn es sich als lohnend erwiesen hat. Darum folgen Sie lieber den anderen, als sich auf Experimente einzulassen.

Die wichtigsten Versandtermine:

- Versandtermin unbedingt wahrnehmen:
  - Jahresanfang
  - Weihnachten

- Empfehlenswerte, zusätzliche Versandmonate:
  - Mai/Juni
  - August
  - September/Oktober

- Besondere Termine für Ihre Organisation, ein besonderes Datum im Jahr, das sich für Spendenaufrufe anbietet.

Beispiele:

- Eine Tierschutz-Organisation verschickt ein besonders erfolgreiches Mailing im Juni, kurz vor der Ferienzeit, wenn viele Menschen ihre Tiere aussetzen, weil sie nicht wissen, wohin mit ihnen, während sie in den Ferien sind.
- Eine Organisation für Alkohol- und Drogenabhängige versendet jährlich im Juli ihr erfolgreichstes Mailing an neue Spender. Sie

bittet darin um Spenden für Ferien von Kindern und Angehörigen von Alkoholabhängigen. Hier kann die Organisation, die sonst Mühe hat, ihre Arbeit „attraktiv" darzustellen, ein konkretes Beispiel ihrer Aufgaben liefern.

● Ein Hilfswerk, das sich für Obdachlose einsetzt, sammelt verstärkt zu Beginn und während des Winters Spenden, weil die Spender die Probleme der Obdachlosen zu dieser Jahreszeit viel leichter nachvollziehen können.

Den für Ihre Organisation geeigneten Versandtermin können Sie leicht selbst herausfinden: Verschicken Sie den gleichen Brief über mehrere Jahre zu verschiedenen Daten und vergleichen Sie die Ergebnisse.

2. Häufigkeit der Mailings – wie oft versenden?

Kalte Mailings (Akquisitions-Mailings)

Um Ihr Mailing an viele neue Adressen schicken zu können, haben Sie sich z. B. bei einem Adreßbroker Adreßlisten potentieller Spender besorgt. Sie schicken Ihr Mailing an diese, Ihrer Organisation fremden Menschen – ein kaltes Mailing: es richtet sich an Menschen, die nicht zu ihren aktiven Spendern gehören.

Das Ziel eines kalten Mailings ist die Gewinnung neuer Adressen, die in die Stammdatei Ihrer Spender-Datei aufgenommen werden können. Hier liegt der Gewinn Ihrer Organisation: in den Namen und Adressen, die Sie dann wieder um eine Spende bitten können.

Kalte Listen sollten Sie immer antesten, um zu sehen, ob sie sich für Ihre Organisation eignen. Im allgemeinen beträgt die Mindest-Abnahmemenge 5000 Stück. Wenn der Test erfolgreich war, können Sie die Testmenge vergrößern. Springen Sie jedoch nicht gleich von 5000 auf 100 000 Stück, sondern testen Sie in einem zweiten Lauf etwa 20 000 an. Erst in einem dritten Lauf kann man es riskieren, wirklich große Mengen zu versenden, einen sogenannten Roll-out durchzuführen. Im allgemeinen macht man die Testläufe zu Beginn des Jahres und vergrößert die Mengen dann im Lauf des Jahres.

- Können kalte Adressen mehr als einmal verwendet werden?
  Im allgemeinen ja, denn die Empfänger vergessen nach einer gewissen Zeit, daß sie von Ihnen Post erhielten. Außerdem erreichen Sie auch neue Adressaten – wenn die Liste gut gepflegt ist.

- Sollten Sie ein zweites Mailing an Nicht-Reagierer senden?
  Ja, das kann sich lohnen. Die Erfahrung zeigt aber, daß die Ergebnisse stark variieren. Sie sollten dies vorsichtig antesten. Sie müssen in diesem Fall nicht unbedingt ein anderes Mailing versenden. Es genügt, wenn Sie das ursprüngliche Mailing mit einem Zusatz im Sinne von „*Wir brauchen Ihre Hilfe noch immer*" versehen.

Mailings an die Hausliste

Wenn Sie die Hausliste einsetzen, schreiben Sie an Menschen, die bereits mindestens einmal an Ihre Organisation gespendet haben. Vielleicht haben Sie die Adressen bei einer Veranstaltung gesammelt, vielleicht stammen sie aus einem anderen Versand etc.

Bei einem Mailing an diese Spender sollen sich die vorherigen Anstrengungen zur Gewinnung neuer Spender auszahlen. Hier gilt es, die für Ihre Organisation lebensnotwendigen finanziellen Mittel zu sammeln.

- Kann man jemanden, der bereits gespendet hat, mehr als einmal, zweimal, dreimal oder gar viermal ansprechen und um Geld bitten?
  Jawohl, man kann! In den Vereinigten Staaten hat die Erfahrung gezeigt, daß man bis zu zwölfmal im Jahr an seine Spender schreiben kann. Auch wenn wir in Europa von solcher Häufigkeit noch entfernt sind, hat es sich doch herumgesprochen, daß sich mehrere Ansprachen lohnen.

- Bei einer mehrmaligen Ansprache ist zu beachten:
  - Die wichtigste Regel: Wer Ihnen schon gespendet hat, wird es wieder tun. Wenn Sie Ihre Spender über einen Zeitraum (mindestens zwei Jahre) beobachtet haben, können Sie eine Gruppe von „Super-Spendern" herausfiltern, die Sie besonders oft ansprechen können.
  - Sie können die meisten Spender zweimal, aber auch dreimal im Jahr anschreiben. Häufiger sollten Sie sich nur an ausgewählte Spender wenden. Sie versenden sonst unnötig.

– Betonen Sie dem Spender gegenüber, daß Sie nicht nur jedesmal Geld wollen, sondern auch informieren möchten.

– Wenn sich die Empfänger über zu häufige Spenden-Appelle beschweren, bieten Sie an, nur ein- oder zweimal pro Jahr Post zu senden. Aber machen Sie dieses Angebot nur, wenn es verlangt wird, nicht grundsätzlich an alle Spender.

– Erstellen Sie Ihre eigene Datei über die Spenden-Höhe und das Eingangsdatum der Spende der einzelnen Gönner. Diese Datei können Sie nach zwei Jahren auswerten. Fassen Sie die Spender mit ähnlichem Spenden-Verhalten zu Gruppen zusammen und berücksichtigen Sie in Zukunft die einzelnen Verhaltensweisen. Schicken Sie zum Beispiel der Gruppe von Spendern, die jeweils zum Jahresanfang eine höhere Summe spendet, weiterhin das Jahresanfangs-Mailing, aber nur wenige weitere Briefe. Sie können so Produktions- und Portokosten sparen.

Erscheint Ihnen das alles zuviel oder sind Sie noch nicht soweit? Dann berücksichtigen Sie folgende Termine: Wenn Sie

● nur zweimal im Jahr versenden wollen,
wählen Sie den Beginn des Jahres und Weihnachten. Diese beiden sind erfahrungsgemäß die am besten geeigneten Zeitpunkte.

● nur dreimal im Jahr versenden wollen,
wählen Sie die ersten beiden Monate des Jahres, die Vorweihnachtszeit plus vielleicht August oder September.

3. Die Jahresplanung: Wieviel Zeit ist nötig, um ein Mailing herzustellen?

Zur Planung und Produktion eines Mailings brauchen Sie sicher mehr Zeit, als Sie meinen, besonders wenn Sie nicht viel oder keine Erfahrung in diesem Bereich haben. Am besten rechnen Sie insgesamt zwei Monate für die eigentliche Produktion, zuzüglich der Vorbereitungszeit wie Formulieren der Texte, Grafik usw.

Lassen Sie sich Zeit! Planen Sie zusätzlich Zeit für Pannen und unvorhergesehene Probleme ein. Nichts ist schlimmer als ein zusammengeschustertes Mailing, bei dem Sie das Wesentliche – die Aussage des

Mailings – nicht genügend vorbereiten konnten, weil technische Probleme Sie behinderten und ablenkten.

Wenn Sie mit der Herstellung von Mailings noch keine Erfahrung haben, beachten Sie insbesondere:

- Informieren Sie sich zuerst über die technischen Fragen. Holen Sie Angebote bei verschiedenen Druckern, Lettershops und Rechenzentren ein. Vergleichen Sie die Angebote und besuchen Sie ein oder zwei Anbieter, die Ihnen geeignet erscheinen. Warum?
Es kommt nicht nur auf den Preis an, sondern auch auf die menschliche Beziehung. Sie müssen den Eindruck haben, daß der Anbieter Personal hat, das kompetent und Ihnen sympathisch ist.
- Erstellen Sie einen Zeitplan für die Abwicklung und Herstellung Ihres Mailings und legen Sie das Versanddatum fest.
- Wenn die technischen Entscheidungen gefallen sind, schätzen Sie ab, wieviel Zeit Sie für die „kreative" Arbeit brauchen.

Investieren Sie Zeit in die Planung des Mailings. Bereiten Sie einen individuellen Jahresplan für jedes Mailing vor, der die speziellen Bedürfnisse Ihrer Organisation berücksichtigt.

Hier ist ein realistischer Zeitplan, wie ich ihn erprobt habe:

Checkliste: Jahresplanung				
Aktion	**2/97**	**3/97**	**4/97**	**1/98**
Anmeldung bei der Druckerei / Papierbestellung	25.03.97	26.06.97	06.10.97	09.12.97
Umschläge bestellen	01.04.97	27.06.97	07.10.97	10.12.97
Brieftexte entwerfen	25.03.97	26.06.97	06.10.97	16.12.97
Gestaltung des Mailings	25.03.97	26.06.97	06.10.97	16.12.97
Brieftexte abstimmen	03.04.97	02.07.97	09.10.97	18.12.97
Letzte Daten an Rechenzentrum	25.03.97	24.06.97	06.10.97	16.12.97
Druckfreigabe Kuvert	04.04.97	07.07.97	15.10.97	–
Druckfreigabe Mailing-Text	07.04.97	04.07.97	13.10.97	19.12.97
Freigegebenes Mailing an Druckerei	09.04.97	08.07.97	17.10.97	19.12.97
Ende der Datenbearbeitung im Rechenzentrum	01.04.97	27.06.97	09.10.97	24.12.97
Mutationslauf	02.04.97	30.06.97	10.10.97	03.01.98
Andruck von Druckerei	14.04.97	11.07.97	23.10.97	06.01.98
Zweite Druckfreigabe	15.04.97	14.07.97	27.10.97	08.01.98
Endgültige Auflagenbestimmung	09.04.97	08.07.97	20.10.97	08.01.98
Anlieferung Mailing von Druckerei an Laserdrucker	21.04.97	22.07.97	04.11.97	16.01.98

Checkliste: Jahresplanung				
Aktion	**2/97**	**3/97**	**4/97**	**1/98**
Druckfreigabe Laserdruck (Rückseite des Mailings)	22.04.97	23.07.97	05.11.97	17.01.98
Laserdruck Beginn	24.04.97	25.07.97	07.11.97	20.01.98
Kuvert Druckfertigstellung	24.04.97	25.07.97	07.11.97	24.01.98
Lettershop Beginn	28.04.97	29.07.97	11.11.97	28.01.98
Postaufgabe	13.05.97	13.08.97	25.11.97	11.02.98

Dieses Beispiel einer Jahresplanung basiert auf einem Versand von vier Mailings jährlich. Warum vier? Damit eine Adreßliste rentabel und gut gepflegt ist, sollte sie mindestens dreimal pro Jahr angeschrieben werden. Die Erfahrung hat jedoch gezeigt, daß auch vier Anschreiben pro Jahr von den Spendern gut akzeptiert werden (fünf übrigens auch!).

Tip:
Erstellen Sie solch eine Vorlage zur Jahresplanung per Computer oder machen Sie sich Kopien von der linken Spalte.

Arbeitsschritte der Mailing-Vor- und Nachbereitung

Der nächsten Übersicht können Sie entnehmen, welche Etappen es bei der Planung und dem Versand eines Mailings gibt. Mit einer solchen Darstellung können Sie besser einschätzen, wieviel Zeit Sie für die verschiedenen Arbeitsschritte des Mailings benötigen:

Ablaufschema: Planung und Versand eines Mailings

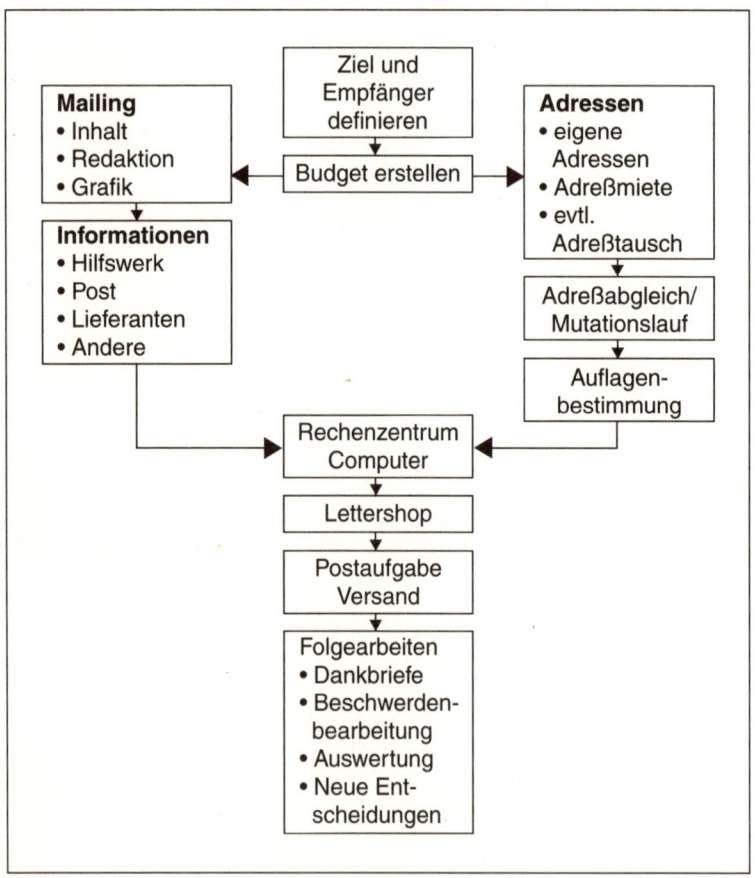

Empfehlung für Einsteiger

Wenn Sie neu in das Gebiet einsteigen, schlage ich folgenden Handlungsrahmen für ein Jahr vor:

Übersicht: Einsteiger-Jahreszeitrahmen	
Zeitpunkt	**Aktivität**
Sommer	• Vorbereiten eines kalten Mailings an potentielle neue Spender • Falls schon Spender-Adressen vorhanden sind: Vorbereiten eines Mailings
Herbstbeginn	• Test-Versand an neue Adressen • Test-Versand an eigene Adressen
Vorweihnachtszeit	• Mailing-Versand an potentielle Spender • Mailing-Versand an die eigenen Adressen
Folgemonate	• Analyse der Ergebnisse • Vorbereiten eines neuen Test-Mailings
Jahresbeginn	• Versand des neuen Test-Mailings • Versand an eigene Adressen

Hier sehen Sie, wie sich die Mailing-Vorbereitungen und Aktivitäten über das Jahr verteilen und wann Sie Ihre Arbeitsschwerpunkte haben.

Die Budgetierung:
Was kosten Mailings?

7

1. Kostenfaktoren

Mailing-Kosten sind in erster Linie von folgenden drei Faktoren abhängig:

1. Auflage:
   Je mehr Mailings Sie drucken, desto billiger wird das einzelne Mailing, desto höher werden aber die Gesamtkosten und:
   Mit steigender Auflage steigt auch das finanzielle Risiko.

2. Ausstattung des Mailings:
   Je mehr Bestandteile, je luxuriöser die Ausstattung, je mehr Personalisierungen Ihr Mailing hat, desto höher sind Ihre Kosten.

3. Adreß- und Portokosten

Kostenplanung – vor dem Start

- Mehrere Angebote für alle Bestandteile des Mailings einholen;
- Sorgfältig die Kosten in Abhängigkeit von der Auflage überprüfen; es kann sein, daß Sie viel Geld sparen, wenn Sie z. B. 10 001 Mailings statt 10 000 versenden. Warum? Weil sowohl die Post als auch viele Lieferanten nach gestaffelten Preislisten abrechnen, d. h. Preise bis zu einer bestimmten Menge festsetzen und für die nächstgrößere Abnahmemenge die Kostendegression berücksichtigen, also – auf den Stückpreis bezogen – billiger werden.

Hier sind zwei Preislisten-Beispiele:

Maschinelles Kuvertieren					
Anzahl Einlagen	Einrichte-Preis	1 bis 10 000 Stck.	10 001 bis 50 000 Stck.	50 001 bis 100 000 Stck.	über 100 001 Stck.
	Preis pro Stück	Preis pro 1000 Stck.			
1	55	31,5	26,5	24,5	23,5
2	60	35	30	27,5	26
3	65	39	33	30,5	29
4	70	43	36,5	34	32
5	75	47	40	37	35
6	80	51	43,5	40	38

Falzarbeiten

Format plano Falzen von	Einrichte-Preis	1 bis 10 000 Stck.	10 001 bis 50 000 Stck.	50 001 bis 100 000 Stck.	über 100 001 Stck.
	Preis pro Stück	Preis pro 1000 Stck.			
A5 auf A6	30	11	10	8	7
A4 auf A5	30	12	10,5	9	8
A4 auf A6/5	35	14	13	10,5	9,5
A3 auf A4	30	14,5	13,5	12	10,5
16" auf A4	35	15	14	13	12
16" auf A6/5	40	17	15	14	13
24" auf A5	35	22	21	19,5	17,5

Papiere unter 80 g oder über 120 g sowie Kunstdruckpapiere bedingen einen Preisaufschlag.

2. Bares Geld sparen:
Post- und Versandvorschriften kennen

Wenn Sie die Staffelungen bei Postgebühren beachten, können Sie ebenfalls Geld sparen. Für die Portokosten sind außerdem das Gewicht Ihres Mailings und das Ausmaß der von Ihnen oder Ihrem Rechenzentrum geleisteten Vorarbeiten wichtig.

Es lohnt sich, mit diesen „unkreativen" Tätigkeiten Zeit zu verbringen, denn die Ersparnisse können enorm sein. Vergessen Sie auch nicht, rechtzeitig – bevor Sie Aussehen und Inhalt/Beilagen Ihres Mailings festlegen – alle Postvorschriften betreffend Format, Position der Fenster usw. genau zu überprüfen.

Kostenplanung für kalte Mailings

Checkliste: Budget-Berechnung für kalte Mailings			
Bestandteil	**Stückpreis**	**Preis pro Tausend**	**Prozent vom Budget**
Druck			
– Umschlag			
– Brief			
– Prospekt			
– Einzahlungsschein			
– evtl. Geschenk			
– anderes			
Gesamt Druck			
Kreation/Grafik			
Adreßmiete			
Adreßabgleich			
Schneiden, Falzen			
Verpacken			
Postaufgabe			
Porto			

Beim Versand an Ihre eigenen Adressen entfallen die Posten Adreßmiete und Adreßabgleich.

3. Spartips zum Materialeinkauf

Spartips:

- Können Sie z. B. Umschläge schon für das ganze Jahr bestellen? Hier können Sie Mengenvorteile nutzen. Dabei sollten Sie aber bedenken, daß Sie dann ein Jahr lang die gleichen Umschläge verwenden müssen, also keinen Spezialversand mehr machen können. Wenn Sie neu im Geschäft sind, sollten Sie derartige Großbestellungen mit Vorsicht tätigen.

- Erkundigen Sie sich, bevor Sie in die detaillierte Planung Ihres Mailings einsteigen, welche produktionstechnischen Varianten gängig und möglich sind. Die folgenden Abbildungen zeigen Ihnen, welche Formate und Falzarten üblich sind.

Formatübersicht

Papierformate A-Reihe		Kuvertformate B-Reihe		Kuvertformate C-Reihe	
A3	297 × 420 mm	B3	500 × 353 mm		
A4	210 × 297 mm	B4	353 × 250 mm	C4	324 × 229 mm
A5	148 × 210 mm	B5	250 × 176 mm	C5	229 × 162 mm
A6	105 × 148 mm	B6	176 × 125 mm	C6	162 × 114 mm
A6/5	210 × 105 mm			C6/5	224 × 114 mm
A7	74 × 105 mm	B7	125 × 88 mm	C7	114 × 81 mm
A8	52 × 74 mm	B8	88 × 62 mm	C8	81 × 57 mm
A9	37 × 52 mm	B9	62 × 44 mm		
A10	26 × 37 mm	B10	44 × 31 mm		
A11	18 × 26 mm				

Sie können beispielsweise Kosten sparen, wenn Sie bei der Wahl der Falzart Ihres Prospekts an die anschließende Kuvertierung denken. Es eignet sich nicht jede Falzart zur maschinellen Verpackung.

Falzarten

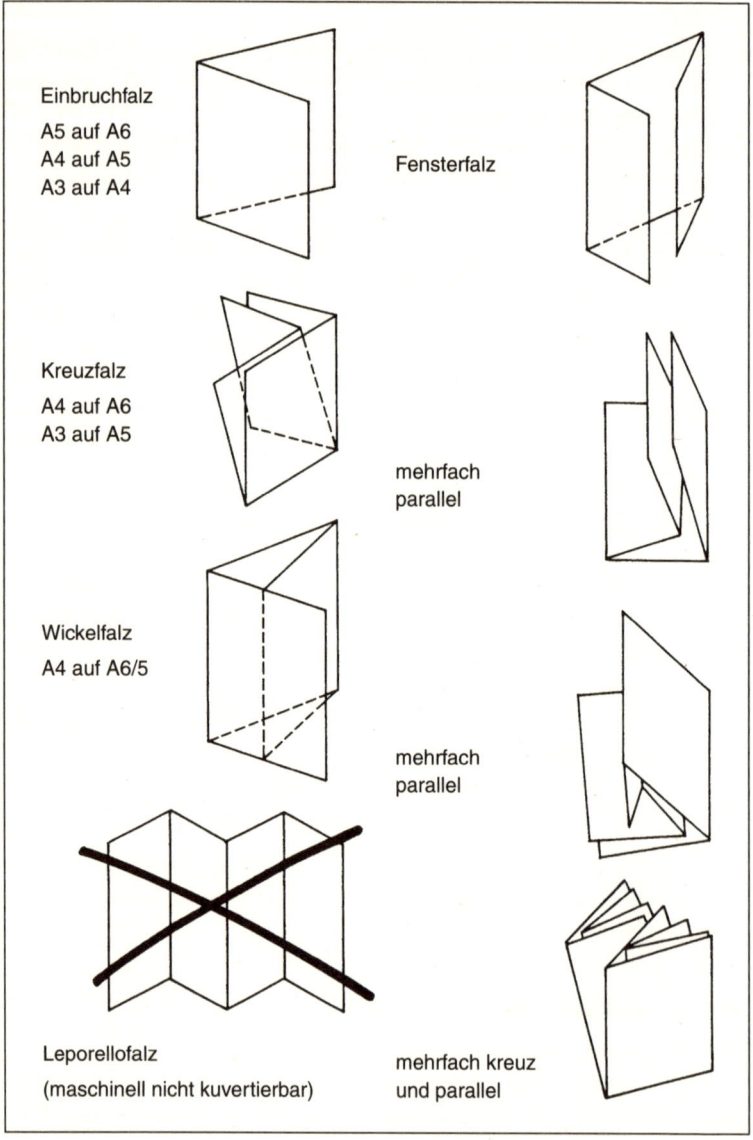

Einbruchfalz
A5 auf A6
A4 auf A5
A3 auf A4

Fensterfalz

Kreuzfalz
A4 auf A6
A3 auf A5

mehrfach
parallel

Wickelfalz
A4 auf A6/5

mehrfach
parallel

Leporellofalz
(maschinell nicht kuvertierbar)

mehrfach kreuz
und parallel

4. Große Aktionen – kleine Aktionen? – Erfahrungen sind Geld wert!

Wenn Sie mit Direct Mail beginnen, benötigen Sie Geld zur Gewinnung neuer Adressen. Die erste Auflage sollte nicht zu klein sein, damit die Kosten sich noch vertreten lassen, aber auch nicht so groß, daß Sie Ihr Geld schon im Anfangsstadium ausgegeben und dann keine Möglichkeit mehr haben, das Gelernte anzuwenden.

Was machen andere? Große Organisationen von nationalem Interesse und nationaler Bedeutung (damit meine ich, daß ihr Sinn vielen potentiellen Spendern einleuchtet) sowie mit Erfahrung auf dem Gebiet des Direct Mail versenden jedes Jahr Millionen von kalten Mailings. Sie können die Ausgaben hierfür verantworten, weil sie entweder bei kalten Mailings kostendeckend arbeiten oder aus Erfahrung wissen, daß die Versand-Aktionen an die mit Verlust gewonnenen Adressen so viel Geld einbringen, daß sich anfängliche Verluste vertreten lassen.

Für eine bekannte Schweizer Organisation versende ich jedes Jahr mehr als zwei Millionen kalte Mailings. Es erhalten also praktisch alle Haushalte eine Spenden-Aufforderung. Hiermit wird ein beachtlicher Nettoertrag erzielt. Zusätzlich werden Zehntausende von neuen Spendern gewonnen. Der Erfolg dieser Mailings beruht auf drei Tatsachen:
1. Das Thema geht alle an.
2. Die Organisation hat große Erfahrung mit Mailings. Dadurch ist das Risiko abschätzbar und begrenzt.
3. Durch Massenproduktion und maximales Ausnutzen aller Sparmöglichkeiten sind Kosteneinsparungen möglich.

Fachleute gehen davon aus, daß eine Organisation, die nicht über entsprechende Erfahrung verfügt und landesweit einsteigen will, eine Auflage von 50 000 vorsehen sollte.

Kleine Mailings – große Wirkung!

Das kleinste Mailing, das ich kenne, verschickte eine Organisation an ihre 100 Fördermitglieder. Diese wurden gebeten, 100,– SFr. zu zahlen (ein mit dieser Summe ausgefüllter Einzahlungsschein lag dem Brief bei). Ergebnis: 89 der Angeschriebenen zahlten, fast alle die vorgeschlagene Summe.

Außerdem wurden sie gebeten, Namen von Freunden anzugeben, die auch am Anliegen der Organisation interessiert sein könnten. Eine Liste zum Eintragen von Namen und ein Umschlag für die Rückantwort lagen ebenfalls bei. Ergebnis: 48 neue Namen.

An diese Anschriften wurde ein zweiter Versand adressiert. Gleichzeitig wurde ein Teil der gesammelten Summe dazu verwendet, ein kleines, kaltes Mailing an Angehörige bestimmter Berufsgruppen zu versenden. Dem Mailing mit der Bitte um eine Spende von 50,– SFr. lagen wieder ein auf diese Summe ausgestellter und ein leerer Einzahlungsschein bei. Ergebnis: 42 Zahlungen, die meisten für die vorgeschlagene Summe. Das Erfolgsrezept wird weiter eingesetzt. Das Ziel sind mindestens 1000 Adressen.

Was zeigt dieses Beispiel? Direct Mail kann auch für kleinste Organisationen eingesetzt werden, wenn eine Person sich engagiert und dazu bereit ist, die Arbeit alleine zu machen.

5. Gemeinkosten und andere Aufwendungen

Bei allen Aktionen treten Kosten auf, die man gerne übersieht, die aber für ein realistisches Budget notwendig sind. Es handelt sich z. T. um Ausgaben, die sich langfristig amortisieren, die aber bei der Gesamtbeurteilung von Erfolg oder Mißerfolg eines Programms berücksichtigt werden müssen. Dazu gehören z. B.:

– Lohnkosten aller am Projekt beteiligten Mitarbeiter
– Kosten für Fremddienstleistungen, also Beraterkosten, Grafikerhonorare usw.
– Aufwendungen für Büromaterial, den Kauf eines Computers usw.
– Lagergebühren

Vergessen Sie auch nicht die Kosten, die nach dem Versand entstehen:

– Bearbeiten der Zahlungen, Post- und Bankgebühren
– Beantworten der Telefonanrufe
– unfrankierte Rückläufe
– Dankschreiben

Tests: Welche Faktoren beeinflussen das Spenden-Verhalten?

8

1. Wie sinnvoll sind Tests? – Die drei Dreier-Regeln

Als Fundraiser lernt man sehr schnell, daß Änderungen im Text, in der Grafik, Änderungen des Versanddatums oder auch des Empfängerkreises das Ergebnis eines Mailings beeinflussen können. Damit kann man leben; unangenehm wird es nur, wenn man keine Erklärungen für Veränderungen im Rücklauf und damit für unterschiedliche Erfolge von Mailings findet. Besonders als Berater passiert es mir immer wieder, daß man mir eine Serie von Mailings vorlegt und mich fragt, warum der Erfolg des einen vom anderen so stark abweicht. Wehe, ich habe dann keine gute Erklärung für diese Fluktuationen.

Lassen Sie sich aber von niemandem weismachen, daß er alle Schwankungen erklären kann. Einen guten Fundraiser erkennt man auch daran, daß er zugibt, nicht alles zu wissen.

Die einzige Möglichkeit, die Fundraiser haben, um sich vor den schlimmsten Irrtümern und Mißerfolgen zu schützen, sind Tests. Tests sind nicht billig, aber sie bewahren vor Mißerfolgen, die noch viel teurer sind.

Dreier-Regel Nr. 1
Es gibt drei wichtige Punkte im Fundraising mit Direct Mail, die laufend überprüft und getestet werden müssen:
1. Qualität der Adressen
2. Akzeptanz der inhaltlichen und optischen Gestaltung des gesamten Mailings
3. Aufmerksamkeitswert des Briefumschlags

Daneben ist das Testen aller anderen Faktoren nur von relativer Wichtigkeit.

Trotzdem:

Es lohnt sich, regelmäßig zu testen. Es lohnt sich vor allem, über die Ergebnisse von Tests regelmäßig Buch zu führen und die Testergebnisse umzusetzen. Dadurch sparen Sie sich zukünftige Tests.

Dreier-Regel Nr. 2

Grundsätzlich müssen Sie sich vor jedem Test folgende drei Fragen stellen:

1. Wieviel mehr bringt die geplante Veränderung?
2. Was kostet der Test?
3. Was kostet es, die Veränderung zu implementieren?

Die Hoffnung aller Fundraiser ist es, durch Testen das „absolute" Mailing zu erarbeiten und dadurch bei Versandaktionen das Risiko zu eliminieren. Leider funktioniert das im wirklichen Leben nicht so. Warum nicht?

Dreier-Regel Nr. 3

1. Die externen Bedingungen verändern sich zwischen dem Moment, in dem Sie testen, und dem Zeitpunkt, an dem Sie das getestete Mailing in großer Zahl auf den Markt bringen.
2. Es gibt so viele Einflußfaktoren, die getestet werden könnten – von den einzelnen Bestandteilen des Mailings bis hin zur Adreßliste –, daß Sie die gesamten Spenden-Einnahmen einsetzen müßten, um alles zu testen.
3. Ein Test muß statistisch signifikante Ergebnisse bringen, damit er wiederholbar ist. Oft ist die Testmenge dazu allerdings zu gering. Das Ergebnis beruht dann auf zu wenigen Angaben, als daß man es verallgemeinern könnte.

Ich habe auch erlebt, daß Mailings im Test ein eindeutiges Ergebnis erzielten, in der Realität – als man das entsprechende Mailing in großer Zahl versandte – jedoch ein ganz anderes. Hierfür gibt es leider keine schlüssige Begründung. Sogenannte Pretests, also Voraustests, sind mit diesem Manko behaftet.

Warum soll man trotz dieser Einschränkungen testen? Ganz einfach, weil man so das Risiko verkleinert und Fortschritte macht, ohne das Einkommen der Organisation zu riskieren.

2. Der Testinhalt: Was soll getestet werden?

Tests sind nicht nur großen Organisationen mit Hunderttausenden von Adressen vorbehalten – schon ab 10 000 Adressen können Sie testen. Bei kleineren Testmengen können Sie allerdings jeweils nur eine oder zwei Veränderungen gleichzeitig testen.

Wenn Sie noch am Anfang ihres Mailing-Programms stehen oder sich vorgenommen haben, viele Einflußfaktoren abzutesten, werden sich diese Tests über einen längeren Zeitraum hinziehen.

Unter den Fundraisern gibt es die Testophilen und sogar die Testsüchtigen. Die Süchtigen machen nichts, ohne es ausgiebig getestet zu haben. Sie scheuen das Risiko und warten immer mehr Testergebnisse ab, bevor sie riskieren, Mailings im größeren Umfang zu versenden. Ich nenne das „Versicherungs-Mentalität". Ohne gleich tollkühn zu sein, sollten Sie sich durch das Testen nicht vom Wesentlichen abhalten lassen, nämlich: Ihre Mailings zu verschicken, um dadurch möglichst viel Geld zu sammeln.

Testinhalt sollten sein:

1. Die Adreßlisten, also die Qualität und Herkunft der Adressen

2. Der vorgeschlagene Spenden-Betrag

3. Die Akzeptanz eines beiliegenden Geschenks bzw. die Ankündigung eines späteren Geschenks

4. Die Akzeptanz anderer Aktivitäten neben dem eigentlichen Spenden-Aufruf (z. B. Ausfüllen eines Fragebogens, Versenden einer Postkarte usw.)

5. Ein neues Mailing in einem anderen Stil oder einer anderen Aufmachung, d. h. die Akzeptanz der inhaltlichen und optischen Aufmachung des gesamten Mailings

6. Ein variierter Briefumschlag, d. h. der Aufmerksamkeitswert des Umschlags, neue Formate usw.

Neben diesen Punkten, bei denen sich alle Fundraiser weitgehend einig sind, daß ein Testen sinnvoll ist, gibt es noch andere Faktoren, die die Ergebnisse Ihres Versands wohl beeinflussen, aber nicht wesentlich verändern.

Sie müssen selbst entscheiden, welche der nachfolgenden Punkte für Ihre Organisation relevant sind und abgetestet werden sollten:

7. Brieftext
8. Format des Mailings
9. Zeitpunkt des Versands
10. Briefmarke oder Stempel
11. Unterschrift oder Empfehlung einer bekannten Person

Folgende Punkte können Sie ebenfalls testen. Veränderungen werden die Resultate jedoch nur in geringem Ausmaß beeinflussen:

12. Papierfarbe und Qualität
13. Länge des Briefes
14. Funktion des Unterzeichnenden

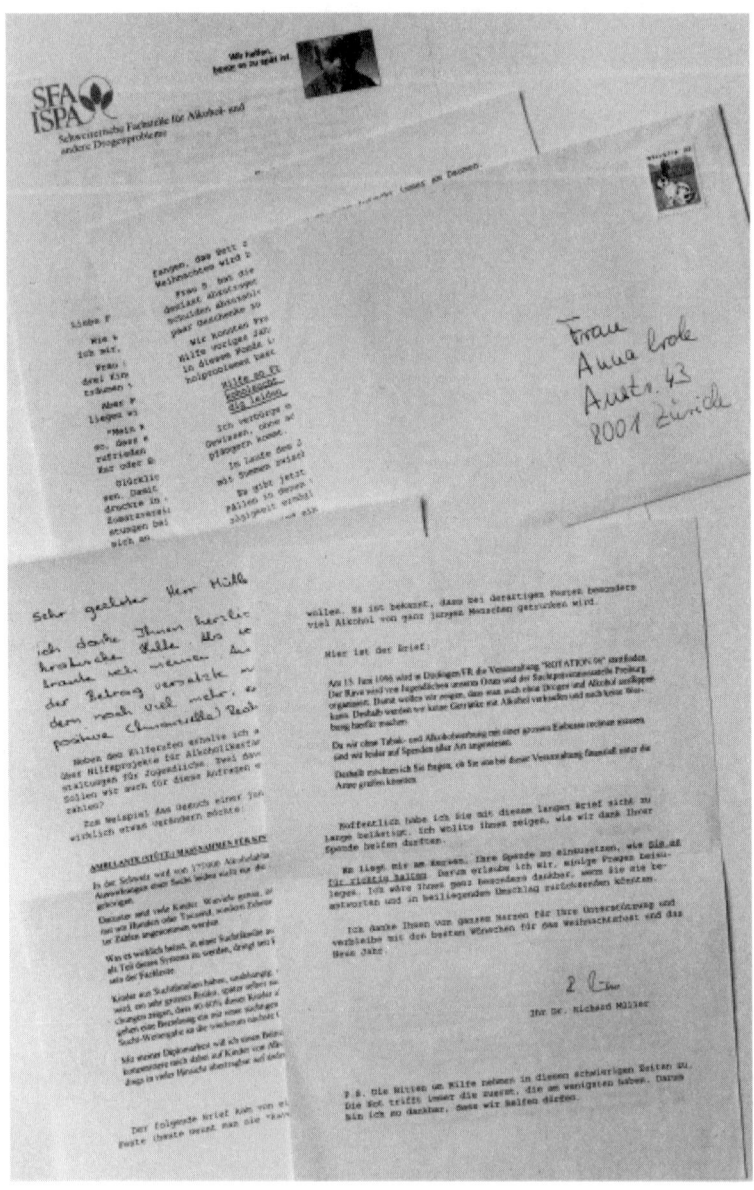

Ein klassischer Test: kurzer versus, langer Brieftext

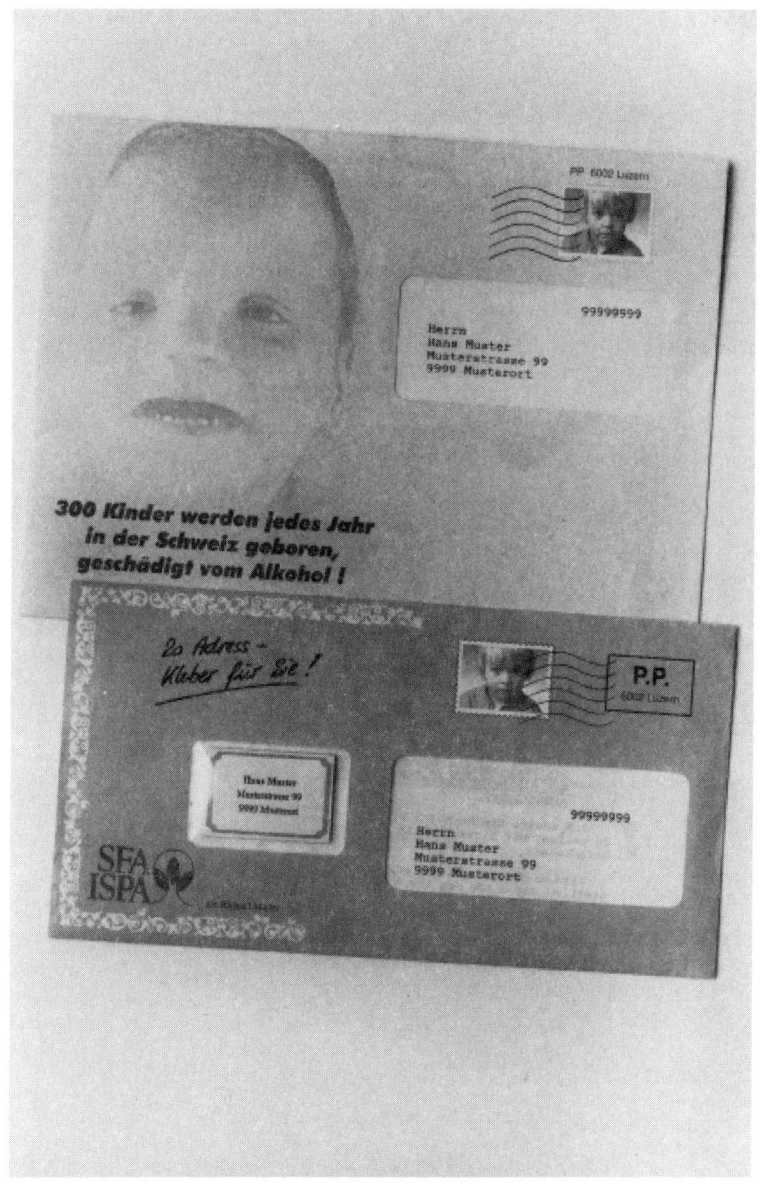

Zwei Umschläge vom gleichen Absender zum gleichen Thema

Sehen Sie, wie der Umschlag hastig aufgerissen wurde? Ich bin „reinge-fallen". Der Brief kam nicht von der Bank, sondern war ein Spenden-Mailing.

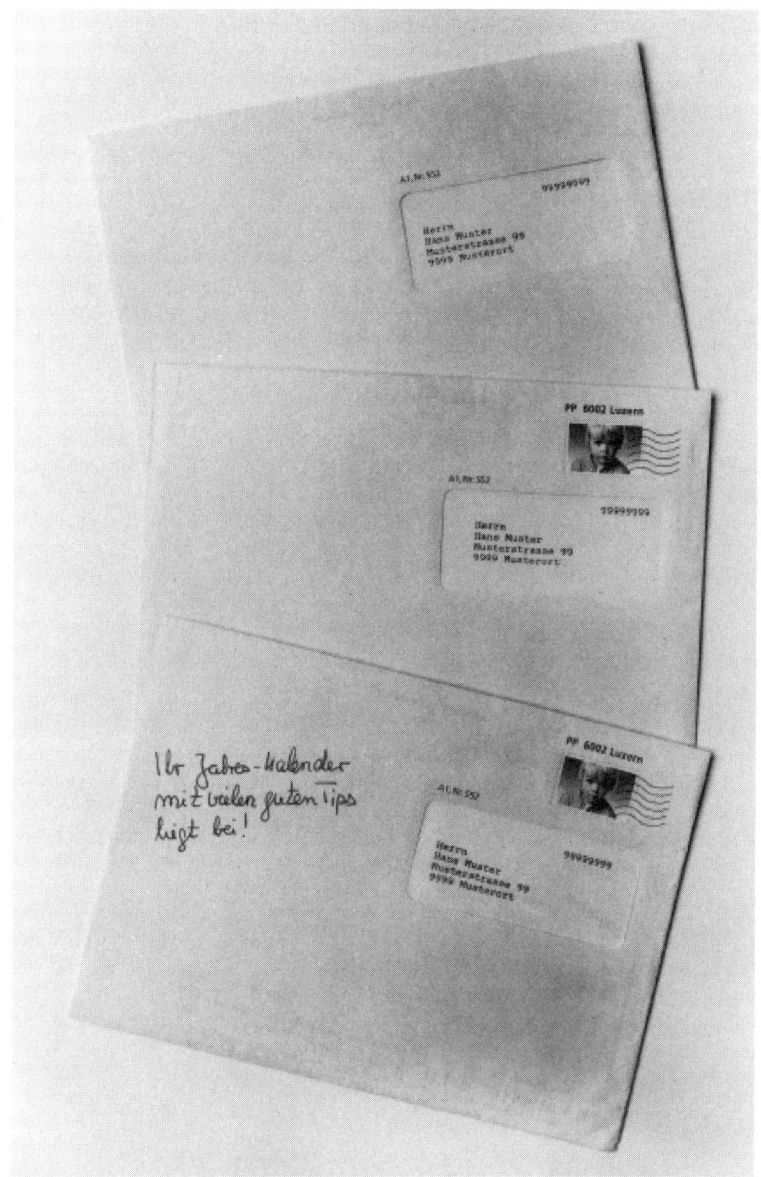

Drei Test-Umschläge für das gleiche Mailing

3. Aus der Testpraxis: Geeignete Tests

Nachfolgend stelle ich Ihnen Praxiserfahrungen vor, damit Sie Tests, die nicht viel bringen und nur Geld kosten, vermeiden können.

Die Testmenge

Beim Testen sollten Sie berücksichtigen, daß die Testmenge für wichtige Tests, also für die obigen Punkte 1 bis 6 (vgl. Seite 92), verhältnismäßig klein sein kann. Veränderungen in diesen Einflußfaktoren machen sich so deutlich bemerkbar, daß sich auch bei kleinen Testmengen eindeutige Ergebnisse zeigen.

Für die Punkte 7 bis 11 und insbesondere 12 bis 14 (vgl. Seite 93) sollten Sie größere Testmengen vorsehen, weil hier Veränderungen keine großen Reaktionen beim Empfänger auslösen.

Grundregel:
Je bedeutender der abzutestende Punkt ist, desto eindeutiger wird das Ergebnis ausfallen, d. h. um so kleiner darf die Testmenge sein. Umgekehrt muß die Testmenge um so größer sein, je unbedeutender der abzutestende Punkt ist, damit eindeutige Ergebnisse erzielt werden können.

Die folgende Tabelle hilft bei der Bestimmung der Testmenge.

Tip:
Machen Sie eine Kopie von dieser Tabelle, und markieren Sie die entsprechenden Werte.

Tabelle zur Kalkulation von Testmengen									
Erwartete Rücklaufquote in %	Mögliche Abweichung (+/–)								
	0,1 %	0,25 %	0,5 %	0,75 %	1,0 %	1,25 %	1,5 %	2,0 %	3,0 %	5,0 %
25,00	–	–	28 812	12 805	7 203	4 610	3 201	1 801	800	288
20,00	–	98 345	24 586	10 927	6 147	3 934	2 732	1 537	683	246
15,00	–	78 369	19 592	8 708	4 898	3 135	2 177	1 225	544	196
12,50	–	67 228	16 807	7 470	4 202	2 689	1 867	1050	467	168
10,00	–	55 319	13 830	6 147	3 457	2 213	1 537	864	384	138
9,00	–	50 340	12 585	5 593	3 146	2 014	1 398	787	350	–
8,00	–	45 239	11 310	5 027	2 827	1 810	1 257	707	314	–
7,50	–	42 642	1 066	4 738	2 665	1 706	1 184	666	296	–
7,00	–	40 014	10 004	4 446	2 501	1 601	1 112	625	278	–
6,50	–	37 356	9 339	4 151	2 335	1 494	1 038	584	259	–
6,00	–	34 667	8 667	3 852	2 167	1 387	963	542	241	–
5,50	–	31 947	7 987	3 550	1 997	1 278	887	499	222	–
5,00	–	29 196	7 299	3 244	1 825	1 168	811	456	203	–
4,75	–	27 809	6 952	3 090	1 738	1 112	772	435	193	–
4,50	–	26 415	6 604	2 935	1 651	1 057	734	413	183	–
4,25	–	25 013	6 253	2 779	1 563	1 001	695	391	174	–
4,00	–	23 603	5 901	2 623	1 475	944	656	369	164	–
3,75	–	22 185	5 546	2 465	1 387	887	616	347	154	–
3,50	–	20 760	5 190	2 307	1 298	830	577	324	144	–
3,25	–	19 327	4 832	2 147	1 208	773	537	302	–	–
3,00	–	17 886	4 472	1 987	1 118	715	497	279	–	–
2,75	–	16 438	4 110	1 826	1 027	658	457	257	–	–
2,50	93 639	14 982	3 746	1 665	936	599	416	234	–	–
2,25	84 491	13 519	3 380	1 502	845	541	376	–	–	–
2,00	75 295	12 047	3 012	1 339	753	482	335	–	–	–
1,75	66 052	10 568	2 642	1 174	661	423	–	–	–	–
1,50	56 760	9 082	2 270	1 009	568	–	–	–	–	–
1,25	47 420	7 587	1 897	843	474	–	–	–	–	–
1,00	38 032	6 085	1 521	676	–	–	–	–	–	–
0,75	28 596	4 575	1 144	508	–	–	–	–	–	–
0,50	19 112	3 058	764	–	–	–	–	–	–	–
0,25	9 580	1 533	383	–	–	–	–	–	–	–

So nutzen Sie die Tabelle zur Kalkulation von Testmengen

1. Sie müssen entscheiden, welche Rücklaufquote (Response-Quote) Sie bei dem Test erreichen möchten. Beachten Sie hier die oben erwähnte, unterschiedliche Bedeutung Ihrer zu testenden Einfluß-faktoren. Auf der senkrechten Achse der Tabelle finden Sie verschiedene Vorgaben für die Rücklaufquote des Tests. Merken Sie sich die entsprechende Zeile, oder markieren Sie sie.

2. Sie müssen die für Sie gerade noch akzeptable Abweichung der Testergebnisse vom späteren endgültigen Ergebnis festlegen. Dazu suchen Sie auf der horizontalen Achse den Prozentsatz heraus, um den nach Ihrem Empfinden das Resultat Ihres Mailings vom Resultat Ihres Tests positiv oder negativ abweichen darf. Merken Sie sich die entsprechende Spalte, oder markieren Sie sie.

3. Sie müssen nur noch in dem Schnittpunkt zwischen ausgewählter Zeile und Spalte die Menge von Briefen ablesen, die Sie verschicken müssen, damit Ihr Test die vorgegebenen Bedingungen erfüllt und Sie zu aussagefähigen Ergebnissen kommen.

Beispiel:

Sie möchten, daß Ihr Test eine Response-Quote von 5 % aufweisen kann. Sie wären aber auch mit 4,5 % oder 5,5 % einverstanden, d. h.: die Abweichung, die Sie akzeptieren würden, beträgt 0,5 %. Sie suchen also die erwartete Rücklaufquote von 5 % sowie die mögliche Abweichung von 0,5 % heraus. Aus dem Schnittpunkt der entsprechenden Zeile und Spalte ersehen Sie, daß Ihre Mindest-Testmenge 7299 Briefe beträgt.

Sie können diese Tabelle auch anwenden, um auf Basis Ihrer Tester-gebnisse die erwartete Rücklaufquote für Ihren Roll-out (Aussenden des Mailings in großen Mengen) zu ermitteln. Dabei wird unterstellt, daß Ihr Test die Grundgesamtheit Ihres späteren Mailings abbildet, d. h.: die Zusammensetzung Ihrer Testadressen entspricht der Zusammensetzung Ihrer Adreßliste. Damit diese Ermittlung funktioniert, müssen die Testadressen zufällig ausgewählt sein.

Um die Testergebnisse auf Ihr geplantes Mailing übertragen zu können, müssen Sie die Rücklaufquote bei Ihrem Test sowie die Anzahl der bei dem Test verschickten Briefe kennen. Sie können die mögliche Abweichung der Rücklaufquote bei einem Roll-out ermitteln, indem Sie auf der senkrechten Achse die Rücklaufquote Ihres Tests heraussuchen. Verfolgen Sie die entsprechende Zeile bis Sie zu dem Wert gelangen, der Ihrer Testmenge am nächsten kommt. Auf der horizontalen Achse können Sie dann die prozentuale Abweichung ablesen, die bei Ihrem Roll-out im Vergleich zum Test entstehen kann.

Beispiel:
Sie haben 5000 Briefe herausgeschickt, um Ihr Mailing zu testen. 3,5 % der Angeschriebenen haben reagiert. Ihre Test-Response-Quote beträgt also 3,5 %. Wenn Sie die entsprechende Zeile verfolgen, stoßen Sie auf 5190. Verfolgen Sie jetzt die entsprechende Spalte, bis Sie bei einer möglichen Abweichung von 0,5 % landen. Was sagt Ihnen dieser Wert? In den meisten Fällen (es ist ein Konfidenzintervall von 95 % zugrunde gelegt, d. h. in 19 von 20 Fällen) wird Ihr Roll-out eine Rücklaufquote zwischen 3 % und 4 % ergeben. Natürlich nur unter der Voraussetzung, daß Sie Ihr Mailing oder die Struktur der angeschriebenen Adressen nicht verändern.

Die Spenden-Höhe

Das Abtesten einer vorgeschlagenen Spenden-Höhe ist der klassische Fall eines wichtigen Tests: Bei kalten Mailings sollten Sie ganz zu Beginn testen, wie hoch die „Einstiegssumme" für Spender ist, und überlegen, ob es für Ihre Organisation besser ist, viele Niedrig-Spender oder wenige Hoch-Spender zu haben? Sie sollten dazu identische Mailings verwenden und lediglich die vorgeschlagenen Spenden-Höhen variieren. Auf diese Weise werden Sie sich an die für Ihre Organisation ideale Spenden-Höhe herantesten.

Verschiedene Spenden-Höhen testen – drei Vorgehensweisen
1. Runde Summen:

    Normalerweise schlägt man Beträge vor, die dem „natürlichen Spenden-Empfinden" entsprechen. Was meine ich damit? Menschen haben die Tendenz, runde Summen zu geben, d. h. Beträge von 10,–, 20,–, 50,–, 100,– DM/SFr., oder Beträge, die runden Geburtstagen entsprechen, also 25,– DM/SFr. und 75,– DM/SFr. Diese Beträge haben sich bewährt, und Spender können sich damit identifizieren.
2. Niedrigere Beträge:

    Das Vorschlagen niedrigerer Beträge als die oben genannten empfiehlt sich, wenn Sie dafür einen Gegenwert anbieten können.

Beispiel:

„Für 19,50 DM/SFr. können drei Kinder geimpft werden." Der Spender hat dann das Gefühl, daß Sie preisgünstig arbeiten, denn der erforderliche Spenden-Betrag liegt unter seinem „normalen" Spenden-Empfinden von 20,– DM/SFr.

3. Höhere Beträge:

Es empfiehlt sich, höhere Beiträge vorzuschlagen, wenn ein Spender bereits seit einiger Zeit eine bestimmte Summe spendet. Sie können versuchen, ein „upgrading" zu machen, d. h., Sie wollen ihn mit Hilfe eines psychologischen Spenden-Betrages auf das nächste Niveau hieven, ihn aber nicht erschrecken.

Wenn er beispielsweise bis jetzt immer 20,– DM/SFr. gespendet hat, bitten Sie ihn um einen Betrag, der geringfügig höher ist, der aber nicht über der nächsten „psychologischen Barriere" liegt. Günstig wären in diesem Fall 25,– DM/SFr. Besonders interessant ist dieses Vorgehen bei höheren Beträgen, da hier die Abstände zwischen den psychologischen Barrieren größer werden.

Der Mailing-Text

Den Text eines Mailings können Sie auf zwei verschiedene Arten testen, indirekt und direkt:

Indirekt testen Sie ihn, indem Sie – wie oben beschrieben – eine kleine Testmenge an potentielle Spender schicken und abwarten, was passiert. Der Nachteil an diesem Vorgehen ist, daß Sie weder das Ausbleiben von Spenden noch ein erhöhtes Spenden-Aufkommen alleine auf den Mailing-Text zurückführen können. Dieses Vorgehen eignet sich daher nur, wenn Sie einen extremen Mailing-Text verwendet haben.

Direkt können Sie den Mailing-Text mit einem Bewertungsbogen testen. Machen Sie sich Kopien von dem nachfolgenden Fragebogen, und verteilen Sie ihn bei jedem Mailing zusammen mit einem Exemplar des Anschreibens an Kollegen, Sympathisanten Ihrer Organisation, Freunde und an konstruktive Kritiker.

Sammeln Sie die ausgefüllten Bewertungsbögen wieder ein, und sehen Sie sich die angekreuzten Felder an. Viele Kreuze im rechten Bereich zeigen, daß der Brief den wichtigsten Anforderungen an einen Mailing-Text entspricht. Je mehr Kreuze auf der rechten Seite angesiedelt sind, desto höher sind die Erfolgschancen Ihres Anschreibens. Erreicht der Brief die richtigen Adressen, so sind die Chancen für ein erfolgreiches Mailing hoch.

Wurden mehr als ein Viertel der Kreuze im linken Bereich eingetragen, sollten Sie den Brief überarbeiten.

Erhält Ihr Mailing-Text eine durchschnittliche Punktzahl zwischen 45 und 60, ist das Ergebnis nicht eindeutig. Sie sollten sich die Bewertungsbögen näher ansehen und die kritischen Stellen heraussuchen. Modifizieren Sie diese und testen Sie erneut.

Checkliste: Bewertung von Mailing-Texten					
Bitte lesen Sie die folgenden Fragen und kreuzen Sie das Kästchen an, das am ehesten auf Sie zutrifft.	trifft überhaupt nicht zu	trifft eher nicht zu	weiß nicht	trifft eher zu	trifft voll zu
1. Emotionale Intensität des Briefes: Ist der Text mitreißend?	☐	☐	☐	☐	☐
2. Gefällt Ihnen der erste Abschnitt? Spricht er Sie an?	☐	☐	☐	☐	☐
3. Ist das Problem klar und „menschlich" beschrieben?	☐	☐	☐	☐	☐
4. Wird eine für Sie akzeptable Problemlösung angeboten?	☐	☐	☐	☐	☐
5. Wird Ihnen klar, was Sie zur Lösung des Problems beitragen können?	☐	☐	☐	☐	☐
6. Finden Sie, daß eher das Problem und weniger die Organisation beschrieben wird?	☐	☐	☐	☐	☐
7. Gibt es eine Geschichte oder ein Fallbeispiel?	☐	☐	☐	☐	☐
8. Gibt es für Spenden-Appell eine detaillierte Begründung?	☐	☐	☐	☐	☐
9. Gibt es einen Dank an den Spender?	☐	☐	☐	☐	☐
10. Wird erklärt, warum zu diesem Zeitpunkt gespendet werden soll?	☐	☐	☐	☐	☐
11. Gibt es konkrete Beispiele, was die verschiedenen Spenden-Summen bewirken können?	☐	☐	☐	☐	☐

Checkliste: Bewertung von Mailing-Texten

Bitte lesen Sie die folgenden Fragen und kreuzen Sie das Kästchen an, das am ehesten auf Sie zutrifft.	trifft überhaupt nicht zu	trifft eher nicht zu	weiß nicht	trifft eher zu	trifft voll zu
12. Wird um einen höheren Spenden-Betrag als beim letzten Mal gebeten?	☐	☐	☐	☐	☐
13. Gibt es ein P. S., in dem der Spenden-Appell verstärkt wird?	☐	☐	☐	☐	☐
14. Empfinden Sie den Text als leicht lesbar?	☐	☐	☐	☐	☐
Enhält er:					
Kurze Absätze	☐	☐	☐	☐	☐
Kurze Worte	☐	☐	☐	☐	☐
Kurze Sätze	☐	☐	☐	☐	☐
Wenig Fremdworte und Fachjargon	☐	☐	☐	☐	☐
Unterstreichungen/Hervorhebungen	☐	☐	☐	☐	☐
15. Wenn ein Prospekt beiliegt:					
Erhöht er Ihren Wunsch zu spenden?	☐	☐	☐	☐	☐
Haben Sie das Gefühl, daß der Prospekt von einer möglichen Spende ablenkt?	☐	☐	☐	☐	☐
Finden Sie die Information im Prospekt überzeugend?	☐	☐	☐	☐	☐
16. Wenn ein Geschenk beiliegt:					
Fördert es die Spende?	☐	☐	☐	☐	☐
Haben Sie das Gefühl, es lenkt Sie von einer möglichen Spende ab?	☐	☐	☐	☐	☐
Bitte geben Sie diesen Fragebogen zur Auswertung zurück!					

Beispiele für erfolgte Tests

Wie Testergebnisse aussehen und wie sie Sie für Ihre Arbeit verwenden können, zeigen die folgenden Beispiele aus der Testpraxis:

Beispiel 1:

Eine Organisation fragte sich, ob sich die Beilage von zwei Einzahlungsscheinen in einem Mailing lohnt. Ein Jahr lang wurde eine Gruppe von 20 000 Spendern mit gleichen demographischen Merkmalen beobachtet. Diese Gruppe hatte über drei Jahre nie mehr als 20,– DM/SFr. gezahlt. Der einen Hälfte der Testgruppe wurde ein leerer Zahlschein beigelegt. Die anderen 10 000 Spender erhielten zwei Zahlscheine, von denen einer den Betrag von 25,– DM/SFr. bereits eingedruckt hatte.

Testergebnis: Einzahlungsschein

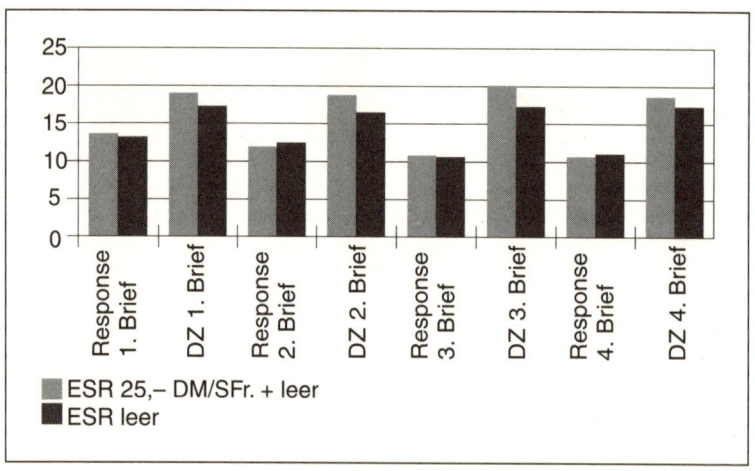

Die Grafik zeigt deutlich: Bei ähnlichem Response erzielte der zusätzliche Einzahlungsschein zwischen 2,– DM/SFr. und 3,– DM/SFr. mehr.

Fazit: In dieser Spender-Kategorie lohnt sich ein vorsichtiges Anheben der Spende.

Briefmarke und handschriftliche Adresse – Beispiel-Test

Es stellte sich die Frage, ob sich eine Briefmarke und handschriftliche Adressen auf dem Briefumschlag lohnen würden.

Die 2000 besten Zahler eines Hilfswerks wurden als Testgruppe ausgewählt. 1000 von ihnen erhielten das normale Mailing (normaler Briefumschlag mit Sichtfenster, in dem die getippte Adresse zu sehen ist); die anderen 1000 erhielten einen geschlossenen Briefumschlag, von Hand adressiert und mit einer Briefmarke versehen.

Testergebnis: Von Hand adressierter Umschlag mit Briefmarke

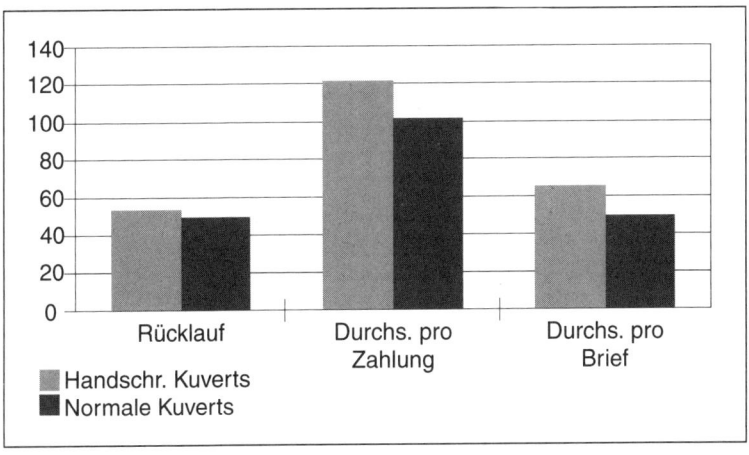

Das Ergebnis fiel eindeutig zugunsten der handschriftlichen Briefumschläge aus: In dieser Gruppe zahlten die Spender durchschnittlich 18,– DM/SFr. mehr.

Fazit:
Trotz des verhältnismäßig großen Aufwandes beim Beschriften und Bekleben des Umschlags hat der Test gezeigt, daß sich dieses Vorgehen für diese Organisation lohnt.

Langfristig planen! –
Der Zyklus eines Spender-Lebens

9

Für drei bis fünf Jahre planen?

Langfristige Planung ist unerläßlich für ein Direct Mail-Programm. Nur dann bekommen Sie Kosten und Einnahmen in den Griff und helfen Ihrer Organisation, eine verläßliche, voraussehbare Einnahmequelle zu erstellen.

Die Wahrscheinlichkeit ist groß, daß vieles nach einigen Jahren anders kommt, als Sie es geplant haben. Dennoch müssen Sie anfänglich planen, um sich zu zwingen, Ihre Aktionen und Finanzen genau zu durchdenken. Ziel der langfristigen Planung sind sorgfältig geplante Aktionen und ein vernünftiger Finanzierungsrahmen.

Beachten Sie stets:

- Wenn Sie kurzfristig Geld brauchen, sind kalte Mailings nicht das geeignete Vorgehen.
- Wenn Sie Ihre eigenen Adressen (Hausliste) nicht mehrmals im Jahr kontaktieren wollen oder dürfen, fangen Sie nicht mit Direct Mail an. Ein Brief pro Jahr genügt nicht, um ein vertretbares Kosten-Nutzen-Verhältnis zu erzielen.
- Prüfen und vergleichen Sie die Angebote von Lieferanten besonders sorgfältig, wenn Sie kein Geld haben, um die Kosten des Mailings direkt zu decken, sondern die entstehenden Ausgaben mit den zu erwartenden Einnahmen zahlen wollen.

1. Investieren: Heute säen, morgen ernten

Im ersten Jahr seines Bestehens erbringt Ihr Mailing-Programm unter Umständen nicht viel Reingewinn. Das erste kalte Mailing bedeutet vielleicht sogar einen Verlust, wenn Sie wirklich alle Kosten zusammenrechnen. Bedenken Sie aber, daß Sie in der Investitionsphase sind.

In der Folgezeit wird sich Ihr Spenden-Aufkommen signifikant erhöhen, weil die Spender auf Ihrer Hausliste wieder und wieder geben werden. Nach zwei, spätestens nach drei Jahren sollten Sie so viel Erfahrung gewonnen haben, daß Sie in der Lage sind, verläßlich zu budgetieren, mehr noch: Sie sollten dann auch fähig sein, Expansionspläne Ihrer Organisation oder neue Projekte auf ihre Finanzierbarkeit hin zu beurteilen.

Wichtigstes Maß:
Ihre Spender-Kartei muß laufend analysiert, überprüft und unterhalten werden. Sie müssen mehrmals im Jahr – nach jedem Versand – die Ergebnisse auswerten, unrentable Adressen ausmerzen und durch rentable ersetzen.

Sie müssen davon ausgehen, daß mindestens 25 % der neu gewonnenen Spender nicht wieder zahlen. Bei manchen Organisationen steigt diese Zahl sogar auf 60 %. Jeder Nicht-Mehr-Spender muß sofort ersetzt werden. Darum muß ein Fundraiser immer bei der Arbeit bleiben, darf sich nie auf seinen Lorbeeren ausruhen. Schon das nächste Mailing kann weniger erfolgreich sein.

2. Die Spenden-Leiter: Wann spenden wieviele?

In einem gut geplanten und sorgfältig durchgeführten Mailing-Programm steigt der Spender auf wie auf einer Leiter: Vom Neu-Spender wird er zum treuen Spender, dann zum Hoch-Spender oder sogar zum Erblasser. Im Idealfall geht das so vor sich:

Der Spender erklimmt eine Sprosse nach der anderen. Ihre Aufgabe ist es, ihm von einer Sprosse zur nächsten zu helfen:

- Neu-Spende:
  In dieser schwierigsten und teuersten Phase finden Sie in der Gesamtbevölkerung diejenigen, die Ihre Organisation unterstützen werden.

- Bestätigungs-Spende:
  Die Neu-Spender spenden wieder. Man rechnet leider damit, daß von 100 Neu-Spendern nur zwischen 40 % bis 75 % wieder spenden – also wirkliche Freunde Ihrer Organisation werden.

- Wiederholungs-Spende:
  Zwischen 30 % und 60 % der Spender in Ihrer Kartei sollten einmal im Jahr spenden, wenn Sie in geeigneter Form bitten. Einige spenden mehrmals jährlich.

- Mehrjährige Spenden:

  Beobachten Sie Ihre Spender über mindestens zwei Jahre, und analysieren Sie das Spenden-Verhalten. Erfolgen die Spenden als Reaktion auf bestimmte Themen, zu bestimmten Zeiten? Sind es größere oder kleinere Beträge?

- Regelmäßige, höhere Spenden:

  Ein Teil Ihrer Spender sollte in ein regelmäßiges Spender-Programm eingebunden werden. Das werden wahrscheinlich nur wenige, aber sehr treue Spender sein. Am besten ist es, wenn Sie für diese Spender automatische Abbuchungsverfahren vorsehen. Wenn 5 % Ihrer Kartei zu diesen Spendern zählen, sind Sie schon sehr erfolgreich auf diesem Gebiet.

- Hoch-Spende:

  Größere Spenden und Beiträge für spezifische Projekte können Sie im besten Fall von etwa 2 % Ihrer Spender erwarten. Aber derartige größere Spenden kosten viel Arbeit. Hier sind Briefe nicht mehr ausreichend. Es sind persönliche Besuche und Telefonate – eine persönliche Betreuung – erforderlich.

  In Ihrer Kartei Hoch-Spender zu finden, zu kontaktieren und zu einer oder mehreren substantiellen Spenden zu bewegen, ist ein neuer Beruf. In letzter Zeit sind mehrere Organisationen auf diesem Gebiet aktiv geworden. Die meisten von ihnen profitieren von Erfahrungen, die auf dem amerikanischen Markt gesammelt wurden.

- Testament:

  Der nächste Schritt ist eine Erwähnung des Hilfswerks im Testament des Spenders. Es gibt allerdings wenige Organisationen, die den Spender derart zielbewußt ein Leben lang begleiten, aber immer mehr Hilfswerke führen Legatprogramme ein.

Noch ein Wort zum Erben: In Fundraiser-Kreisen ist es eine bekannte Tatsache, daß es immer wieder Fälle gibt, in denen Menschen, die Zeit ihres Lebens nur kleinere Summen zahlten, eine größere Summe testamentarisch hinterließen. Dies trifft besonders auf viele Menschen aus der Kriegsgeneration zu, die Angst hatten, ihr Geld wieder zu verlieren und mittellos dazustehen. Sie hielten ihr Geld zu Lebzeiten beisammen, sind aber posthum großzügig. Auch darum: Behandeln Sie alle Ihre Spender gut.

Die Spenden-Leiter illustriert den Weg eines fiktiven Spenders. Wir alle sind uns bewußt, daß nur die wenigsten Spender diesen Weg gehen wollen oder können.

Die Spenden-Leiter

Auf der jeweiligen Sprosse der Leiter können Sie die Bezeichnung der jeweiligen Spende ablesen, darunter, was ein Fundraiser tun sollte, damit ein Spender die nächsthöhere Sprosse erklimmen kann.

3. Die Spender-Pyramide: Viele kleine oder wenige große Spender?

Für Ihre langfristige Planung ist es wichtig, sich eine Vorstellung zu machen, wieviele Ihrer Spender in welche Gruppe gehören. Anders gesagt: Auf welcher Sprosse der Spenden-Leiter stehen wieviele Spender? Diese Aufgliederung macht es Ihnen möglich, Überlegungen über den Wert Ihrer Adresse und damit über das Einkommen Ihrer Organisation in den kommenden Jahren anzustellen.

Versuchen Sie, die beiden folgenden Pyramiden mit Zahlen zu versehen: Wieviele Ihrer Spender gehören auf der linken Pyramide in die breite Basis und wieviele in die anderen Segmente?

Die Spender-Pyramide

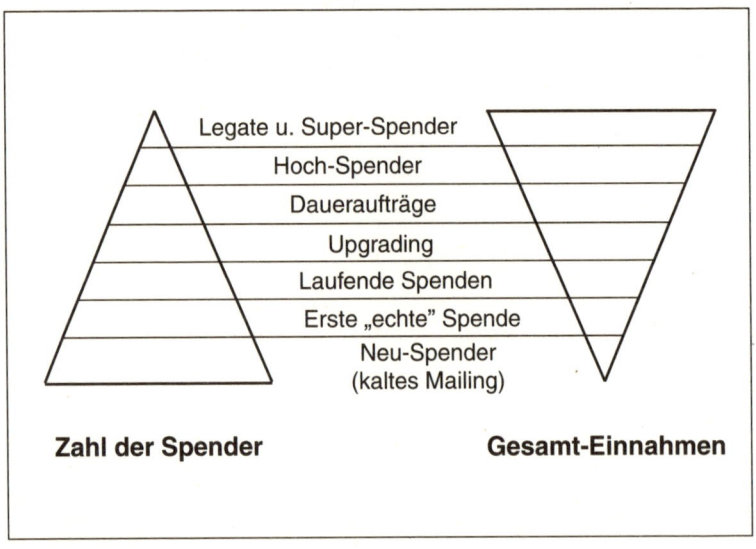

Der italienische Nationalökonom Pareto hat eine allgemeine Theorie für ökonomische Vorgänge aufgestellt, nach der 80 % der Kunden lediglich 20 % des Umsatzes ausmachen. Daraus folgt, daß nur 20 % der Kunden 80 % des Umsatzes bringen.

Die Kernaussage dieser Theorie gilt auch für Spenden:

1. Viele Klein-Spender bringen wenig Einkommen, aber wenige Hoch-Spender bringen viel Einkommen.

   Sie können Ihre guten Spender gar nicht genug hegen und pflegen. Nehmen Sie sich aber nicht zuviel vor: Am Anfang ist es noch nicht so wichtig, wie hoch die Spende ist. Mit den Jahren aber sollten Sie eine gewisse Zahl Ihrer Spender in die oberen Kategorien bringen.

2. Je breiter der Sockel oder das Fundament dieser Pyramide, desto größer ist Ihre Chance, auch in den oberen Partien Ihrer Pyramide mehr Erfolg zu haben, und desto größer ist Ihr Einkommen, d. h.:

   Je mehr Namen auf der Adreßliste, um so größer die Chance, regelmäßige Spender, Hoch-Spender und Erblasser zu haben.

Fazit:

Entwickeln Sie ein langfristiges Programm, das Ihnen hilft, diejenigen Spender zu identifizieren, die öfter und größere Summen spenden können und wollen. Bleiben Sie in Kontakt mit diesen, entwickeln Sie eine freundschaftliche Beziehung und beachten Sie stets:

Es ist verlockend, jemanden, der eine größere Summe gespendet hat, sofort zu kontaktieren, um ihn in eine höhere Kategorie zu bringen. Aber lassen Sie sich und ihm Zeit. Nichts ist schlimmer, als zum falschen Zeitpunkt um zu große Spenden zu bitten. Das verärgert potentielle Spender derart, daß sie meistens gar nichts mehr geben.

Die Spender-Bindung: Wie erhält man die Freundschaft?

10

1. Dankesbriefe – lästige oder liebste Pflicht?

Sie hören und lesen es immer wieder: Es ist wichtig, den Spender an die Organisation zu binden, ihn zum treuen Spender zu machen. Der erste Schritt auf diesem Weg ist das Dankesagen. Und weil die Dankesbriefe meiner Meinung nach ganz entscheidend zum langfristigen Erfolg Ihrer Direct Mail-Programme beitragen, widme ich diesem Thema ein ganzes Kapitel.

Erinnern Sie sich auch? Nach Geburtstagen und Weihnachten war es für mich das Schlimmste, für Geschenke schriftlich danken zu müssen. Meine Mutter mußte drängen, damit ein Brief geschrieben wurde. Dabei hatten mich die Geschenke wirklich gefreut. Oft kommen mir Organisationen wie Kinder vor, die das „Danke" immer hinausschieben. Die Dankesbriefe bestehen oft aus unverbindlichen Floskeln, vielleicht ist es sogar die Vorlage vom letzten Jahr. Als Kind konnte man sich dieses Verhalten vielleicht leisten, schließlich zahlten die Eltern Kost und Logis, und Geschenke waren nicht lebenswichtig. Wenn die Danksagungen aber lebenswichtig für Ihre Arbeit und das Wohl von Bedürftigen sind, sollte dann das Dankesagen nicht zur Freude, zur liebsten Pflicht werden?

Ab welchem Betrag sollte man sich bedanken?

Dies ist schlicht eine Geldfrage. Ab wann können Sie sich ein Dankesschreiben leisten? Rechnen Sie aus, was ein derartiger Brief oder eine Karte kosten, und entscheiden Sie dann.

Es gibt amerikanische und englische Organisationen, die für praktisch jeden Betrag danken. Kürzlich wollte dies einer meiner Kunden tun und beschloß, zwecks besserer künftiger Spender-Bindung jedem Spender zu danken. Nach dem tausendsten Brief, den der Verantwortliche unterschrieben hatte, warf er das Handtuch. Jetzt wird nur noch ab einem bestimmten Betrag gedankt. Bei den meisten Organisationen liegt dieser Betrag bei 100,– DM/SFr.

Wie soll ein Dankesbrief aussehen?

Muster, wie man es meiner Meinung nach besser nicht macht:

```
Liebe Spenderin, lieber Spender,

ganz herzlichen Dank für Ihre großzügige Spende.

Damit helfen Sie uns, unsere wichtige Arbeit
fortzusetzen. Gerade in den heutigen Zeiten, in
denen die Arbeitslosigkeit wächst und immer mehr
Menschen in Not geraten, ist Ihr Beitrag wichtig.

Ich danke Ihnen noch einmal und verbleibe

mit freundlichen Grüßen.
```

- Warum ist dieser Brief nicht gut?
  - Er ist nicht personalisiert. Sowohl der Name des Spenders als auch der gespendete Betrag fehlen.
  - Er ist zu allgemein. Die schwierige Wirtschaftslage, Arbeitslosigkeit usw. sind traurige Wahrheit, aber dagegen hilft auch die Spende nicht.

- Wie macht man es besser? Drei Regeln für Dankesbriefe:
1. Je schneller Sie danken, desto bester.
2. Je spezifischer Sie danken, desto besser.
3. Je persönlicher Sie danken, desto besser.

Merke:
Der perfekte Dankesbrief ist schnell, spezifisch und persönlich!

Beispiel für einen gelungenen Dankesbrief:

Liebe Frau Meyer,

Ihre großzügige Spende von . . . DM/SFr. traf gestern hier ein, und ich danke Ihnen von ganzem Herzen dafür.

Ich möchte Ihnen noch kurz mitteilen, wie Ihre Spende helfen wird. Sie erinnern sich, wir setzen uns dafür ein, daß betagte Menschen so lange wie möglich im eigenen Heim bleiben und in Würde alt werden können.

Täglich geht darum einer von uns bei Frau M. vorbei und schaut nach dem Rechten. Wenn dies einmal nicht möglich ist, rufen wir bei ihr an und erkundigen uns, ob alles in Ordnung ist und Frau M. alles hat, was sie für den Tag braucht. Neulich zum Beispiel war sie ganz verzweifelt, weil sie ihren Ehering nicht fand. Für sie ist dieser Ring ein Zeugnis, das sie noch immer mit ihrem verstorbenen Mann verbindet. Sie hatte den Eindruck, daß der Kontakt zu ihm abgebrochen sei, und das versetzte sie in Angstzustände.

Wir sind bei ihr vorbeigegangen und haben den Ring gesucht. Er war unter das Bett gerollt. Danach war Frau M. wieder glücklich. Gleichzeitig stellte sich aber heraus, daß Frau M. eine Lupe brauchte, um noch lesen zu können. Auch beim Kauf dieser Lupe half Ihre Spende.

Es gibt immer mehr Menschen in unserem Land, die nicht im Kreis ihrer Familie alt werden können. Ihnen bringen wir Freude in den Alltag, und dabei hilft Ihre Spende. Noch einmal herzlichen Dank.

Mit freundlichen Grüßen

Kreatives und spezifisches „Danke"-Sagen ist erfolgreicher als Standardschreiben.

Dankesbriefe lebendig gestalten: Ideen und Stilmittel

● Versuchen Sie, sich an einen spezifischen *Vorfall* zu erinnern, bei dem Ihre Organisation helfen oder etwas verändern konnte, z. B.:
Eine Tierschutz-Organisation berichtet über die neuen Tiere, die in Pflege genommen wurden.

● Verändern Sie die *Perspektive*! Schreiben Sie aus der Sicht eines Beteiligten, z. B.:
Eine Krebsforschungs-Organisation läßt einen Forscher danken und über seine Arbeit berichten.
Eine Hilfsorganisation für Frauen und Kinder schickt eine Postkarte aus dem Ferienlager.

● *Fragen an Ihre Spender:*
Dankesschreiben sind eine vorzügliche Gelegenheit. Besonders an der Meinung der Menschen, die Ihnen größere Beträge geben, sind Sie ja interessiert. Legen Sie daher von Zeit zu Zeit einen Fragebogen bei, um zu sehen, wie hoch der Zufriedenheitsgrad Ihrer Spender-Elite ist, oder um ihre Meinung zu neuen Projekten zu hören. Diese Fragebögen sollten immer personalisiert und mit einem bereits adressierten und frankierten Rückumschlag versehen sein. Sie können dann sofort in Ihrer Kartei eine entsprechende Anmerkung anbringen und das Interesse des Spenders dokumentieren. Vielleicht kontaktieren Sie ihn später gezielt wegen eines Beitrags für ein spezielles Projekt.

● *Telefonnummer des Unterzeichnenden:*
Meiner Ansicht nach sollte auf jedem Dankesschreiben möglichst eine Gratis-Nummer für den schnellen und einfachen Kontakt zu finden sein.

Die Spender werden es Ihnen danken. Ich kenne Fälle, in denen die Spender dafür dankten, daß man ihnen dankte. Übrigens wirkt auch ein Anruf manchmal Wunder.

Fragen Sie eventuell beim Danken nach einer weiteren Spende! Es gibt manche Organisationen, die dem Dankesbrief einen neuen Zahlschein beilegen und damit gute Ergebnisse erzielen. Sie müssen entscheiden, ob Sie es versuchen wollen oder lieber eine gewisse Zeit vergehen lassen, ehe Sie wieder um eine Spende bitten.

2. Rundbrief und Spender-Zeitschrift: Wie übermittelt man Informationen?

Da der Spenden-Aufruf dazu dient, Geld zu beschaffen, steht dort die emotionale Ansprache des Lesers im Vordergrund. Informationen sind eher zweitrangig. Es ist aber durchaus wichtig, dem Spender mehr Informationen zu senden, denn neben emotionalen sprechen auch rationale Gründe für eine Spende. Geeignetes Mittel ist hier der Rundbrief, die Zeitung oder die Zeitschrift.

Checkliste: Konzeption einer Informationsschrift ist

- Vermeiden Sie einen „Informations-Overkill", d. h., schreiben Sie nicht zuviel und verwenden Sie Bilder.
- Geben Sie nicht zu viele Grundsatzerklärungen, sondern zeigen Sie konkrete Beispiele Ihrer Arbeit.
- Bauen Sie eine persönliche Bindung auf, indem Sie Ihre Mitarbeiter mit Bild vorstellen.
- Unterstützen Sie die Spender-Bindung durch Unterhaltung, Wettbewerbe usw.
- Statten Sie Ihre Informationsschrift nicht luxuriös aus, schludern Sie aber auch nicht.
- Klären Sie ab, wie eine derartige Zeitung am preisgünstigsten gedruckt und versandt wird. Holen Sie Angebote von Druckern über geeignete Formate ein, fragen Sie bei der Post, welches Gewicht, welches Format und welche Versandart kostengünstig sind.

Ideen und Stilmittel zur praktischen Umsetzung

Ich kenne eine Organisation, die ihre Zeitschrift im Lauf der Jahre zu einem unschlagbaren Instrument der Spender-Bindung entwickelt hat. Jede der vier Ausgaben pro Jahr enthält nachfolgende Elemente:

- Das Schicksal eines Betroffenen mit Bild; jedesmal eine überzeugende, wahre und zu Herzen gehende Geschichte.
- Informationen zu Themen, die auch den Spender interessieren, weil er sie in seinen Alltag integrieren kann.

- Ein Kreuzworträtsel, das speziell angefertigt wird und als Lösungswort immer einen Begriff aus dem Problembereich hat. Sie lachen? Seit Jahren gehen für jedes Kreuzworträtsel Tausende von Antwortkarten ein, obwohl der ausgeschriebene Preis immer sehr bescheiden ist. Ältere Menschen lösen gerne Kreuzworträtsel, und wenn sie den Eindruck haben, dabei etwas lernen zu können, gefällt ihnen das besonders gut.

- Handarbeits-Ecke. Hier stricken, nähen und häkeln die Spenderinnen verschiedene in Bild und Wort vorgestellte Artikel und senden sie an das Hilfswerk, das diese dann zugunsten der Organisation verkauft.

- Angebot verschiedenster Artikel auf der letzten Seite. Diese wurden von Behinderten in geschützten Werkstätten hergestellt oder – wie beschrieben – von den Spendern angefertigt.

- Bestellschein für die angebotenen Artikel. Bestehen Sie auf Vorauskasse, da die Abwicklung der Bestellungen dadurch deutlich vereinfacht wird.

- Hinweis auf das Legatprogramm. In jeder Ausgabe wird ein Aufruf plaziert, der die Leser bittet, eine Broschüre mit Tips für das Abfassen von Testamenten anzufordern.

- Einmal im Jahr gibt es
  - eine Einladung zu einer gemeinsamen Reise.
  - die Bitte um einen „Abonnement-Beitrag". So ist die Zeitung mehr als selbsttragend. Sie kostet die Organisation nichts, ist aber ein wichtiges Mittel zur Spender-Bindung geworden.

Die Spenden-Einnahmen erhöhen – aber wie?

11

1. Regeln und Erfahrungen

Einen neuen Spender zu finden ist kostspielig. Darum ist es für Ihre Organisation lebenswichtig, daß Sie jeden einzelnen Spender pflegen, damit er nach der ersten Spende weiterhin und möglichst mehr gibt.

Merke:

Es gibt drei Mittel, um höhere Spenden-Einnahmen zu erzielen:

1. Mehr Spender
2. Mehr Spenden pro Spender
3. Höhere Spenden-Beiträge

Wichtig ist es, nicht nur die erste Maßnahme zu forcieren: Erst die Kombination aller drei Mittel bringt den Erfolg.

Das Gleichnis vom Wasserbecken zeigt, daß mehr gefordert ist, als nur Balance zu halten: Wenn Ihr Wasserbecken Löcher hat und die Flüssigkeit ausläuft, müssen Sie laufend zugießen, damit der Wasserstand erhalten bleibt. Das gleiche trifft auf viele Organisationen zu: sie werben mit hohen Kosten und Anstrengungen um neue Spender. Nach der Initial-Spende sind sie stolz auf ihren Erfolg, ohne sich darum zu kümmern, was jetzt mit dem Spender geschieht. Dieser erneuert aber sehr oft seine Spende nicht, erbringt nicht die im Grunde erste „richtige" Spende, die eigentlich erst zählt!

Die Erfahrung zeigt, daß

- in günstigen Fällen etwa 50 % der durch ein kaltes Mailing gewonnenen Neu-Spender den gleichen Betrag wieder spenden. Neu-Spender tauchen in den meisten Spender-Pyramiden als „Interessenten" auf, erst die zweite Spende bestätigt ihr Interesse und macht sie zum echten Spender Ihrer Organisation.
- bestehende Spender die besten Anwärter für neue Spenden sind.
- etwa 15 % der Spender einen höheren Betrag spenden werden, wenn man sie mit guten Argumenten darum bittet. Diesen Prozeß nennt man „Upgrading".
- wenn der Spender nach der anfänglichen Spende noch zweimal gespendet hat, er Ihnen – aller Voraussicht nach – mindestens zwei Jahre, durchschnittlich fünf Jahre lang treu bleiben wird.

- Wiederholungs-Spender etwa fünf- bis achtmal mehr geben als Neu-Spender.

Die Betreuung und Pflege der gewonnenen Spender ist eine fundamentale Aufgabe der Fundraiser. Um das Gleichnis vom löchrigen Wasserbecken wieder aufzunehmen: Binden Sie Spender ein, stopfen Sie Löcher, damit Ihre Spender nicht „wegfließen". Langfristig wird nur die Organisation erfolgreich sein, der die dauerhafte Einbindung ihrer Spender und Freunde gelingt.

Vom Neu-Spender zum treuen Freund

Schon bevor Sie das erste Mailing versenden, müssen Sie darüber nachdenken, wie Sie Ihre Neu-Spender zu treuen Freunden machen wollen. Dafür benötigen Sie ein Konzept, mit dem Sie den Spender auf den verschiedenen Stufen der Spenden-Leiter begleiten. Dieses muß davon ausgehen, daß der Spender ein Mensch ist und nicht nur ein Geldgeber. Er muß als Mensch behandelt werden, und seine Wünsche sind ernstzunehmen.

Es ist meine feste Überzeugung, daß Menschen großzügig sein möchten. Wir müssen ihnen aber Gelegenheit dazu geben. Wir sollten uns nicht durch Hemmungen und Skrupel davon abhalten lassen, dem Spender neue Möglichkeiten aufzuzeigen, wie und wann er spenden kann.

Immer wieder erstaunt es mich, wie Organisationen jahrelang auf dem gleichen Niveau verharren: Wer einmal im Jahr Spenden-Appelle verschickt, zögert zweimal zu versenden; wer viermal bittet, ist überzeugt, daß fünfmal zu oft ist. Mein Rat: Versuchen Sie es. Der Spender kann nicht mehr als „Nein" sagen beziehungsweise nicht reagieren. Sie aber haben die Chance, Ihr Spenden-Einkommen wesentlich zu erhöhen.

Die sorgfältige Analyse Ihrer Datei ermöglicht es Ihnen, jene Spender herauszufiltern, die
- seit Jahren die gleiche Summe geben
- die unverlangt ihren Spenden-Beitrag erhöhen

Beide sind gute Kandidaten für Upgrading-Programme. Diese Programme beinhalten verschiedene Maßnahmen, um den Spender von seinem gegenwärtigen Spenden-Niveau auf das nächsthöhere zu hieven.

2. Lastschriften und Daueraufträge gezielt durchdenken – regelmäßige Spender gewinnen

Es ist sehr wichtig – für manche Organisationen sogar überlebenswichtig –, so viele Spender wie möglich zu einer regelmäßigen – monatlichen, viertel- oder halbjährlichen – Spende zu bewegen. Diese Spenden erlauben es Ihnen, noch genauer zu budgetieren. Es lohnt sich daher, das ganze Thema mit größter Sorgfalt zu durchdenken, anzutesten und durchzuführen.

Für viele Spender ist es einfacher, jeden Monat eine kleine Summe zu geben, als einmal im Jahr eine größere. Sie können davon ausgehen, daß 2 % bis 10 % Ihrer Spender zu regelmäßigen Spendern werden können.

Wer kommt als regelmäßiger Spender in Frage?

Wenn Sie Ihre Datenbank detailliert durchgehen, werden Sie feststellen, daß manche Spender schon seit längerer Zeit (aber mindestens seit zwei Jahren) erfaßt sind. Diese können Sie bitten, zu regelmäßigen Spendern zu werden.

Bewährt hat sich hier die Methode, dem normalen Spenden-Aufruf (der erste im Jahr ist besonders geeignet) die Bitte um regelmäßige Zuwendungen beizulegen. Das könnte so aussehen:

Briefbeispiel: Bitte um regelmäßige Spende

```
Sehr geehrte/liebe Frau Meyer,

neulich stellte ich fest, daß Sie uns schon seit
einigen Jahren unterstützen. Ich danke Ihnen ganz
herzlich dafür.

Darf ich mir erlauben, Ihnen einen Vorschlag zu
machen, der Ihnen das Leben erleichtert und uns
Geld spart?

Wenn Sie Ihre Spende per Dauerauftrag von Ihrem
Postgiro- oder Bankkonto abbuchen lassen, kommt
Ihre Spende unserer Arbeit regelmäßig zugute. Auch
werden keinerlei Gebühren abgezogen. Eine solche
```

Entscheidung wäre ein wunderbarer Vertrauens-
beweis!

Wenn Ihnen diese Art des bargeldlosen Zahlens
unbekannt ist, rufen Sie mich bitte an. Ich gebe
Ihnen gerne Auskunft. Übrigens können Sie einen
Zahlungsauftrag jederzeit ohne Angabe von Gründen
widerrufen. Sollte nicht genügend Geld auf dem
Konto sein, wird der Betrag natürlich nicht
abgebucht.

Sie sehen, Sie gehen mit einem derartigen Auftrag
keinerlei Gefahr ein, aber Sie helfen viel.

Mit freundlichen Grüßen

Dies ist der „Motivationstext". Zusätzlich benötigen Sie technisch
korrekte Formulare für die Abbuchung vom Bank- oder Postgiro-
konto. Das Ganze muß unterschrieben und datiert vom Spender an
Sie zurückgesandt werden. Hier hat sich ein bereits frankierter Rückumschlag bewährt.

Welchen Betrag soll man dem Spender für die regelmäßige Überwei-
sung vorschlagen? Auch hier sollten Sie eine sorgfältige Analyse des
vorhergehenden Spenden-Verhaltens durchführen. Teilen Sie Ihre
Spender in Untergruppen ein, und testen Sie verschiedene Beträge.
Auf diese Weise erhalten Sie Richtlinien, welche Spender-Gruppe in
Zukunft bereit ist, regelmäßig welchen Betrag zu geben.

Grundsätze für die automatische Abbuchung:
- Das Formular so wenig administrativ wie möglich, aber
  technisch korrekt zu gestalten.
- Dem Spender gleichzeitig mehrere Schlupflöcher aufzeigen;
  ihm klar machen, daß er sich nicht fürs Leben bindet und
  immer wieder zurück kann.

Regelmäßige Spender betreuen

Wie betreue ich Lastschrift- oder Dauerauftrags-Spender?

Die einfachste Lösung ist: gar nicht. Es hat sich gezeigt, daß Spender, die ihre Spenden-Beiträge automatisch abbuchen lassen, mehrere Jahre treu weiterzahlen, ohne daß man sich um sie kümmert. Es gibt aber auch andere Lösungen:

- Ihr Spender bleibt im Mailing-Programm, erhält weiter Ihre Spenden-Appelle, allerdings immer mit dem Zusatz, daß dieses Schreiben der Information über geleistete Arbeit und neue Projekte dient. Es hat sich gezeigt, daß die Spender hierauf positiv reagieren.

- Sie versenden einmal oder mehrmals pro Jahr einen speziellen Rundbrief, in dem Sie über geleistete und zukünftige Arbeit informieren.

- Sie senden den Jahresbericht mit einem Dankesbrief.

Eine Bewertung dieser drei Methoden ist schwierig, da mehrere Faktoren zu berücksichtigen sind: Einerseits ist es wichtig, daß Ihre Spender das Gefühl haben, weiter von Ihnen Zuwendung zu bekommen. Andererseits spielen auch Kosten eine Rolle: Sie müssen mit einem vernünftigen Zeit- und Finanzaufwand Kontakt halten können.

Nach frühestens zwei Jahren können Sie bei dieser Gruppe ein sehr behutsames Upgrading versuchen. Wer Ihnen zwei Jahre lang monatlich 20,– DM/SFr. überwiesen hat, ist vielleicht auch mit 25,– DM/SFr. einverstanden. Legen Sie aber große Sorgfalt auf Ihre Begründung, denn das schlimmste wäre, bestehende regelmäßige Spender zu verärgern, so daß diese den regelmäßigen Auftrag annullieren.

Da es für ein Hilfswerk wichtig ist, so viele Spender wie möglich zu einer regelmäßigen Spende zu bewegen, lohnt es sich, das ganze Thema immer wieder aufzugreifen.

Merke:
Mindestens einmal pro Jahr, wenn nicht in jedem Mailing, stellen Sie die Möglichkeit des Dauerauftrags bzw. des Lastschrift-Verfahrens vor. Es kann sich lohnen, den (festen) Spendern eine Belohnung oder ein Geschenk anzubieten (siehe auch Seite 133 ff.). Manchmal gibt dies den Ausschlag für die regelmäßige Spende.

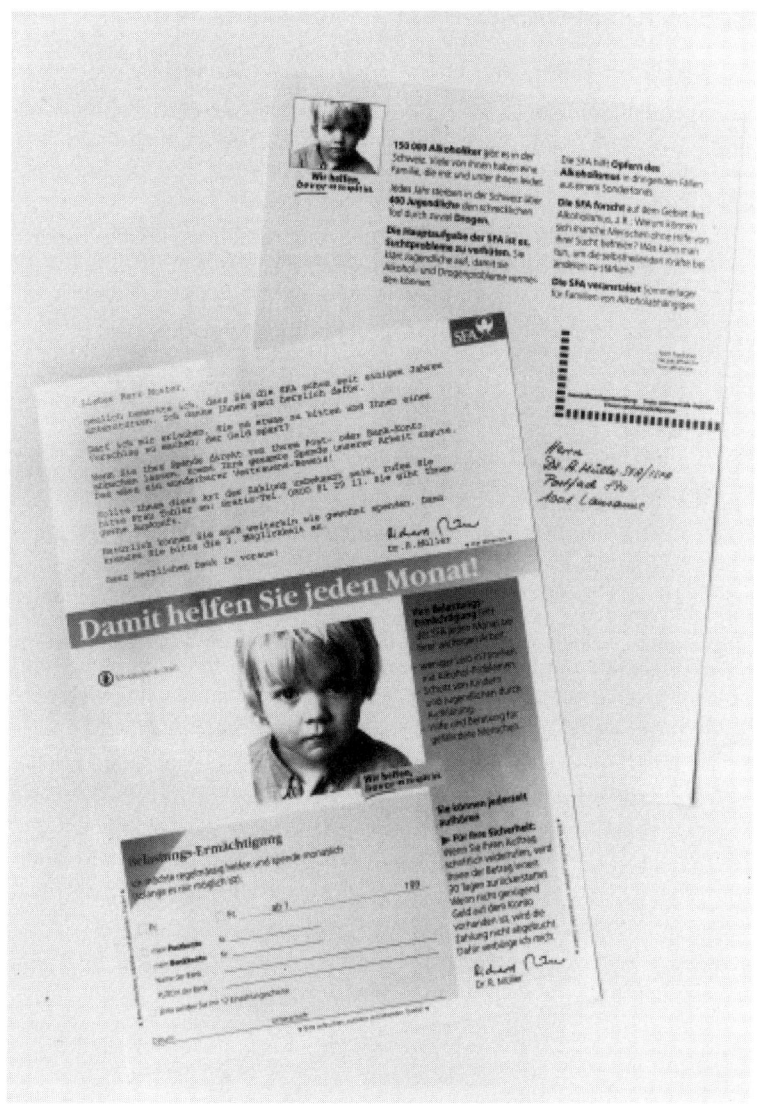

Lastschrift-Verfahren müssen technisch perfekt und leicht verständlich sein. Dieses Formular wird gefaltet, zusammengeklebt und zurückgesandt.

3. Mitglieder, Förderer und Freunde

Es ist wohl der Traum aller Organisationen, viele Mitglieder zu haben, die regelmäßig zahlen und sich – das ist psychologisch wichtig – als Mitglieder bekennen. Viele Organisationen haben es geschafft (in erster Linie Umwelt-Organisationen), auf eine Adreßliste von Aktivisten bauen zu können.

Viele Menschen möchten gerne spenden, sind auch zu regelmäßigen Spenden bereit, haben aber Mühe, sich als Mitglieder katalogisieren zu lassen. Sie müßten dann eine Art Bindung oder Engagement dokumentieren, wozu sie nicht bereit sind. Für diese Kategorie von Spendern müssen Sie Alternativen schaffen. Bezeichnungen, die als weniger verpflichtend empfunden werden, sind z. B.:

- Gönnerclub
- Förderer
- Freunde

In den Vereinigten Staaten ist es eine weitverbreitete Sitte, für die unterschiedlichen Spenden-Summen pro Jahr sogenannte „Giving Clubs" einzurichten, die je nach der Spenden-Höhe mehr oder weniger Prestige beinhalten.

Zeichen der Anerkennung regelmäßiger Spender könnten sein:

- „Mitglieder" (z. B. 100,– DM/SFr. Jahresbeitrag) erhalten eine Mitglieds-Urkunde.
- Für „Freunde" (z. B. 250,– DM/SFr. Jahresbeitrag) gibt es eine Luxus-Urkunde und die jährliche Einladung zu einem Empfang.
- „Förderer" (z. B. 500,– DM/SFr. Jahresbeitrag) werden im Jahresbericht erwähnt und einmal im Jahr zum Essen eingeladen.
- Beim „Greenpeace Frontline Programm" erhalten Sie direkten Einblick in die Arbeit der Aktivisten. Sie bekommen Post von den engagierten Aktivisten, die Schiffe entern oder sich an Fabriktore ketten lassen. Vielleicht erhalten Sie auch Videos, oder Sie dürfen ein Schiff besichtigen.
- Ein Krankenhaus oder ein Forschungs-Institut bietet vom Institutsleiter geführte Besichtigungen und telefonische Beratungen an.

Sie können davon ausgehen, daß Ihr Spender Sie in erster Linie aus altruistischen Motiven unterstützt, weil er Ihre Sache für unterstützenswert hält. Sie können aber auch davon ausgehen, daß viele Menschen für Streicheleinheiten, für Dankbarkeit und das Gefühl, an einer besseren Welt aktiv mitzuwirken, empfänglich sind.

4. Beilagen: Geschenke schaffen und erhalten die Freundschaft

Soll man dem Mailing-Empfänger etwas schenken oder ihm ein Geschenk versprechen, wenn er etwas spendet? Soll man ihm etwas schenken, um ihn zu einer höheren Spende zu motivieren? Diese Fragen werden in Fundraiser-Kreisen viel diskutiert. Die Meinungen sind geteilt. Manche Organisationen schrecken vor derartigen „Bestechungsprämien" zurück.

Ich schlage vor, daß Sie dieses Kapitel sorgfältig durchlesen, überdenken und intern diskutieren, um zu entscheiden, was für Sie richtig ist – denn manchmal macht die Geschenkbeilage den Unterschied zwischen einem rentablen und einem unrentablen Mailing aus.

Merke:
- Eine Geschenkbeilage sollte attraktiv genug sein, um eine Erst- oder höhere Spende zu bewirken, und doch nicht den Eindruck erwecken, daß Sie Spenden-Gelder verschleudern.
- Die Geschenkbeilage sollte billig sein: Die Steuerbehörde könnte Sie sonst steuerlich anders einschätzen und Sie als „Verkäufer" einstufen.

Es gibt zwei verschiedene Arten von Beilagen:
- Sofortgeschenke (front end premiums), die dem Spenden-Appell beiliegen. Jeder Empfänger erhält sie unabhängig davon, ob er zahlt oder nicht. Bekannte Beispiele sind die Jahreskalender von Unicef, die Geschenk-Aufkleber von Greenpeace und dem WWF, die Grußkarten verschiedener Organisationen und die Adreßetiketten mit dem Namen des Empfängers, die man immer häufiger sieht.
- Versprochene Geschenke (back end premiums), die erst versandt werden, wenn die Spende eingetroffen ist.

Sofortgeschenke

Bei den Sofortgeschenken gibt es ein technisches Gebot: Die Beilage muß ohne Schwierigkeiten maschinell verpackbar sein. Jeder Artikel muß von Ihrem Lettershop geprüft und schriftlich als normal verpackbar abgesegnet werden. Beachten Sie dies nicht, riskieren Sie hohe zusätzliche Verpackungskosten, weil die Maschine langsamer laufen muß oder – und das ist eine wahre Katastrophe, da hohe Kosten entstehen – weil die Beilage mit der Hand verpackt werden muß.

Zu dem Thema der Verpackbarkeit noch eine Anekdote: Einmal ist es einer Organisation passiert, daß die Beilagen manuell verpackt werden mußten. Der Nachteil wurde in einen Vorteil verkehrt: Das Verpacken wurde von Behinderten ausgeführt, und diese Tatsache wurde an prominenter Stelle mitgeteilt. Der Rücklauf war so gut, daß man jetzt immer Behinderte für das Verpacken beschäftigt.

Werden beigelegte Geschenke akzeptiert?

Das Problem mit den Beilagen ist aus der Sicht vieler Hilfswerke folgendes: „Wir wollen mit unserem Anliegen überzeugen, nicht mit Geschenkbeilagen. Spender, die darauf abfahren, sind für uns nicht interessant." Es gibt die Erwiderung, daß eine derartige Geschenkbeilage, wenn sie gut gewählt ist, nur marginal interessierte Empfänger (ich nenne sie „Mitläufer") zu einer Spende veranlaßt. Diese zusätzlichen Spenden erhöhen den Netto-Ertrag.

Im Rahmen einer repräsentativen telefonischen Spender-Befragung stellte ein Hilfswerk die Frage nach der Akzeptanz der beigelegten Geschenke. Die Antwort war klar: Nur etwa die Hälfte der Befragten erklärte, diese Geschenke zu schätzen. Daraufhin wurde bei den nächsten Aussendungen die Stichhaltigkeit dieser Aussage überprüft: Ein Teil der Spender erhielt das Geschenk, ein anderer nicht. Resultat: Die Geschenkbeilage erhöhte den Rücklauf um fast 10 % (mit Ausnahme der höheren Spenden-Kategorien).

Fazit:

Die Organisation legt immer Geschenke bei – außer bei den Spendern, die höhere Beträge zahlen.

Dieses Beispiel zeigt die Diskrepanz zwischen „Sagen" und „Tun", die wir bei Menschen allgemein und bei Spendern im besonderen feststellen. Es zeigt auch, daß man sich beim Direct Mail nicht unbedingt auf Marktforschung verlassen darf, sondern immer zusätzlich testen muß, ob die Praxis das Ergebnis der Befragungen bestätigt.

Welche Geschenkbeilagen haben Erfolg?

Die folgenden Vorschläge erfüllen die Hauptkriterien, denn sie sind maschinell in einen Briefumschlag verpackbar und im Hinblick auf die zu erwartenden Portokosten leicht:

- Alle Arten von Jahreskalendern und Planern, vorausgesetzt sie bieten ein Plus, beispielsweise spezielle Tips und Informationen.
- Geburtstagskalender
- Schächtelchen zum Verpacken von Geschenken
- Heftpflaster (erfolgreich eingesetzt vom Roten Kreuz)
- Duftbriefchen
- Geschenkaufkleber
- Produkte, die mit dem Namen des Empfängers personalisiert sind, Adreßaufkleber usw.
- Alles, was dem Brief Volumen gibt, sofort erfühlbar ist und dem Empfänger das Gefühl gibt: „Hier ist etwas im Umschlag; das interessiert mich."

Mit Prämien die Bindung verstärken

Auch in diesem Fall lohnt sich ein Antesten, um zu sehen, ob ein derartiges Versprechen – das natürlich immer mit Finanz- und Zeitaufwand verbunden ist – zusätzlichen Ertrag bringt. Prämien könnten sein:

- ein spezielles Buch mit Widmung
- ein Diplom
- ein Kunstdruck
- eine Einladung
- von Behinderten hergestellte Artikel

Versprochene Geschenke

Versprochene Geschenke (back end premiums) werden im allgemeinen an Spender verschickt, die größere Spenden leisteten; sie sind für drei Ziele einsetzbar:

1. Als Dank für eine bestimmte Summe. Beispiel:
   „Als Dank für eine Spende von 100,– DM/SFr. erhalten Sie ...''

2. Um den Spender zu veranlassen, eine bestimmte Summe zu über-
   schreiten, also eine „Schallmauer'' zu durchbrechen. Beispiel für
   Spender, die immer 100,– DM/SFr. spenden:
   „Als Dank für eine Spende von 125,– DM/SFr. erhalten Sie ...''
   (Hört sich das unseriös an? Es ist aber sehr erfolgreich!)

3. Einen direkten Bezug zur Arbeit Ihrer Organisation schaffen.
   Beispiele: Dritte-Welt-Organisationen versenden Handarbeiten
   aus der Dritten Welt; Behinderten-Organisationen senden Artikel
   aus der Behindertenwerkstatt; Museen versenden Bildbände von
   Ausstellungen; Kinder-Hilfswerke versenden gerahmte Kinder-
   zeichnungen mit Widmungen; eine internationale Organisation
   bietet eine Weltkarte an.

Geschenke und ihre Auswirkung auf das Spenden-Verhalten sind
nicht immer einfach abzuschätzen. Darum muß jedes Angebot
– besonders bei eigenen, guten Spender-Gruppen – sorgfältig getestet
werden.

Es gibt auch Fälle, in denen mit Geschenken bei kalten Mailings ein
guter Erfolg erzielt, bei den eigenen Spendern aber ein Spenden-
Rückgang verzeichnet wurde.

Vorsicht:
Vergessen Sie nie die Angst des Spenders, daß seine Spende
„verschwendet'' werden könnte!

Eine Organisation machte diese Erfahrung kürzlich mit dem Versand
einer Ehren-Urkunde. Ab einer bestimmten Spenden-Höhe für ein
Forschungsinstitut erhielten die Spender eine vom leitenden Professor
persönlich unterzeichnete, schöne Urkunde. Während dieses
Geschenk vor allem bei gewerblichen Betrieben sehr gut ankam,
waren einige private Empfänger sehr verärgert.

Derartige Reaktionen kann man nie vermeiden, aber durch sorgfältige
Vorabklärung lassen sich diese reduzieren und vor allem bei Protest
durch geschickte Reaktion wieder auffangen.

Eine Beilage muß vielen Ansprüchen gerecht werden: billig, leicht, maschinell verpackbar muß sie sein und soll vor allem dem Empfänger gefallen.

Adventskalender, Etiketten (neutral oder mit dem Namen des Empfängers), Geschenkkärtchen: die Auswahl ist groß und schwierig zu treffen.

Schächtelchen und Bilderrahmen (natürlich flach gefaltet für den Versand) gehören zu den beliebtesten Geschenken.

5. Gezielte Betreuung – Einbinden der Neu-Spender

Bei den meisten Organisationen besteht die langfristige Planung für Mailings noch aus der Abschätzung von Volumen: Man entscheidet, wieviel Geld pro Jahr gesammelt werden soll und wieviele Adressen nötig sind, um diese Einnahmen zu erzielen.

Wenn dann die vorgesehene Anzahl neuer Spender gewonnen ist, werden diese meistens in den bestehenden Zyklus integriert. Das bedeutet in der Praxis, daß man sich für größere Spenden bedankt, sonst aber mit allen Spendern, ob groß oder klein, gleich verfährt: Wenn das nächste Mailing fällig ist, schickt man es an alle Adressen der Datenbank.

Dieses Vorgehen bedeutet in manchen Fällen, daß zwischen dem Moment der Neugewinnung eines Spenders bis zu seiner nächsten Ansprache mehrere Monate vergehen und der Spender dann ein Mailing erhält, das auf langjährige Spender zugeschnitten ist.

Spender-Betreuung – Einbinden der Neu-Spender

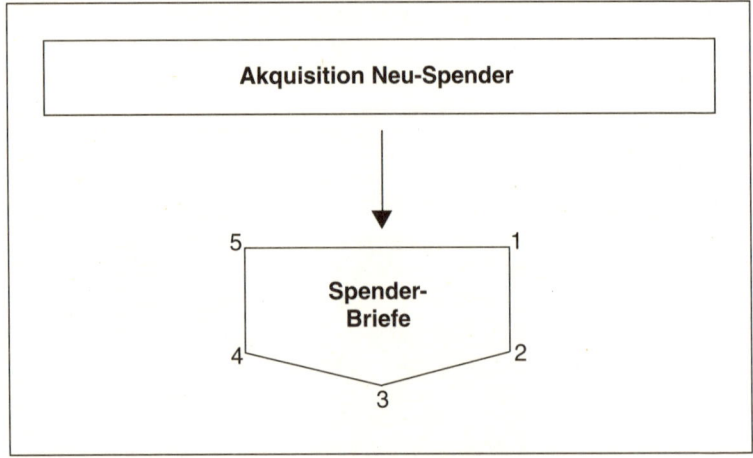

Neu-Spender werden in den Zyklus der jährlichen fünf Versandaktionen aufgenommen, d. h. das nächste Mailing erreicht sie über das übliche Jahresprogramm.

Der Spender hat aber vielleicht seine Erst-Spende, die nicht besonders hoch war, schon wieder vergessen und kann mit der „Insider-Botschaft" des zweiten Mailings nicht viel anfangen.

Die Erfahrung lehrt, daß die Zahl der Spender, die auf ein kaltes Mailing reagiert, später aber nicht wieder spendet, sehr groß ist (die sogenannte „attrition rate"). Je nach Organisation liegt sie zwischen 25 % und 60 %.

Ja, Sie haben richtig gelesen: Jeder vierte (im besten Fall) oder sogar jeder zweite Neu-Spender gibt nicht wieder. Das für die Neuakquisiton investierte Geld wird sich folglich nicht amortisieren, weil sich Ihr Spender-Stamm nicht vergrößert, sondern Sie nur die Abgänge wieder ersetzen.

Ihre Bemühungen lassen sich mit dem Bild vom löchrigen Wasserbekken illustrieren: Damit es voll bleibt, müssen Sie laufend Wasser nachfüllen. Es ist zwingend, daß Sie die Löcher stopfen, nämlich die Neu-Spender in Ihrer Datei zu neuen Spenden auffordern und die alten dazu bewegen, Ihnen treu zu bleiben. Es muß zusätzlich eine gezielte Betreuung aller neuen Spender stattfinden.

Ein Spender muß sofort nach seiner Gewinnung begrüßt werden. Das erhöht die Chancen, ihn zu einer zweiten Spende zu bewegen. Viele Experten sagen sogar, daß diese zweite Spende die erste „wahre" Spende ist, die erste war vielleicht nur eine Laune, ein Impuls.

> *Wichtig:*
> Ein professionelles Betreuungs-Programm differenziert, d. h.: Der neue Spender erhält sobald wie möglich und unabhängig von seiner Spenden-Höhe einen Begrüßungs-Dankesbrief mit einigen Erklärungen zu den Aufgaben der Organisation. Der Dankesbrief darf allerdings nicht zu überschwenglich sein und sollte der Tonlage des Akquisitions-Mailings entsprechen.

Nach einem oder zwei Monaten folgt ein erneuter, spezieller Spenden-Appell, der sich von den regulären Spenden-Mailings unterscheidet. Dieser Aufruf bezieht sich auf das gleiche Projekt wie das Akquisitions-Mailing, es wird aber detaillierter beschrieben und mit zusätzlichen Informationen versehen. Dieser zweite Spenden-Aufruf verwirrt den Spender also nicht, sondern versucht, den Anfang einer langfristigen Beziehung aufzubauen.

Das obige Schema wird also wie folgt modifiziert:

Aus dieser Vorgehensweise ergibt sich gleichzeitig ein differenzierterer Ablaufplan zur Neu-Spender-Akquisition:

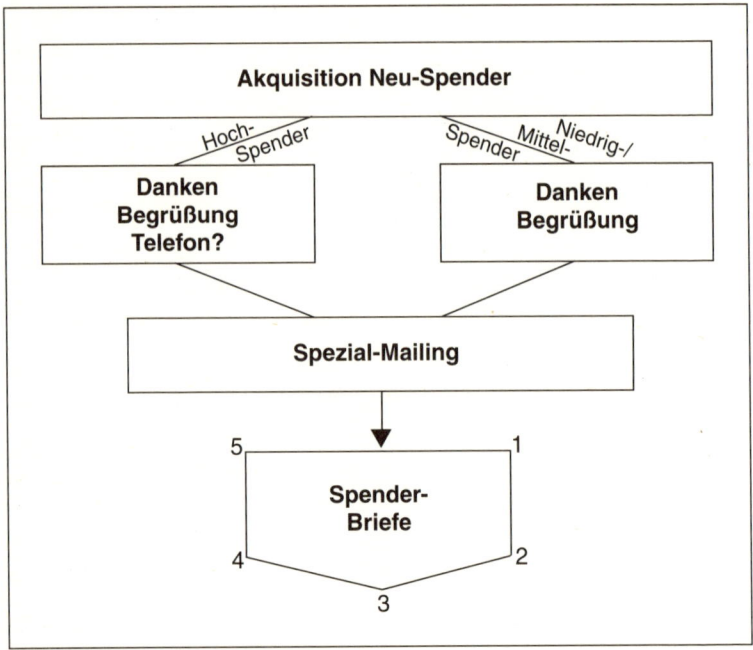

Der Spender wird in das Jahresprogramm eingebunden. Rechts das Programm für Niedrig-Spender, links für Hoch-Spender.

Wie definiert man niedrige und mittelhohe Spenden?

Eine solche Grenze läßt sich nicht generell festlegen; sie ist abhängig von der jeweiligen Organisation und richtet sich nach deren Möglichkeiten und Anforderungen. Man kann in etwa sagen, daß niedrige Spenden bis zu 50,– DM/SFr. und mittelhohe bis zu 100,– DM/SFr. betragen. Spender, die mehr als 100,– DM/SFr. geben, betrachten wir schon als Hoch-Spender – als Spender, die vielleicht in der Lage wären, unsere Arbeit mit größeren Summen zu unterstützen. Sie erhielten bisher – wie alle anderen Spender – ein Dankesschreiben und später unsere regulären Mailings.

6. Gezielte Betreuung – Programme für Hoch-Spender

Die Betreuung von Spendern, die regelmäßig hohe Summen geben, ist ein wichtiges und auch neues Gebiet. Wenn Sie Anfänger im Bereich Direct Mail-Fundraising sind, sollten Sie dieses Kapitel lesen, weil es Ihre Entscheidung über die Konzeption des zukünftigen Mailing-Programms maßgeblich beeinflussen kann. Wenn Sie schon Profi sind, aber kein derartiges Programm haben, ist es höchste Zeit, damit anzufangen!

Was ist ein Hoch-Spender-Programm? Es bietet die Möglichkeit, mit wenig Aufwand mehr finanzielle Mittel für Ihre Arbeit zu akquirieren. Es ergibt sich aus der logischen Weiterentwicklung Ihres Mailing-Programms.

Nachstehend noch einmal das Pareto-Prinzip, das besagt, daß 80 % Ihrer Spender 20 % des Einkommens bringen. Daraus ergibt sich, daß 20 % der Spender die restlichen 80 % einzahlen. Mit mehr oder weniger großen Abweichungen gilt dieses Prinzip für alle karitativen Organisationen.

Das Pareto-Prinzip

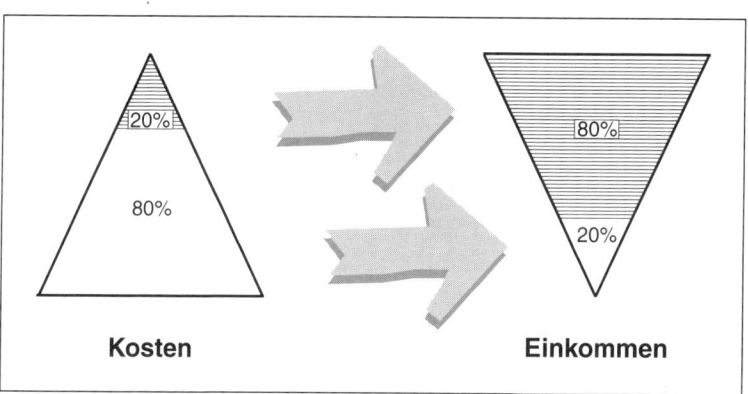

In Ihrer Spender-Liste haben Sie viele Namen von Klein- und gelegentlichen Spendern. Sie haben ebenfalls einige Spender, die auf Grund ihres bisherigen Spenden-Verhaltens in der Lage scheinen, (noch) größere Beiträge zu leisten. Um diese Spender zu finden, sind drei Schritte notwendig:

Analyse der Daten

Wenn Sie die Liste Ihrer Spender nach Spenden-Höhe und -Häufigkeit aufschlüsseln, wird Ihnen schnell der „Gebe-Rhythmus" verschiedener Spender-Kategorien klar:

– Die „Einmal-pro-Jahr"-Spender geben zwar nur einmal, aber dann einen drei- oder vierstelligen Betrag.
– Die „Mehrmals-pro-Jahr"-Spender kommen mit mehreren kleineren Beträgen auf die gleiche Spenden-Höhe.

Sie müssen in Kenntnis der durchschnittlichen jährlichen Spenden-Höhe Ihrer Organisation einen Betrag festsetzen, ab dem Sie Ihre Spender als „Hoch-Spender" einstufen wollen. Dieser Betrag kann stark variieren. Bei einigen Organisationen beträgt er 200,– DM/SFr. pro Jahr, bei anderen 1000,– DM/SFr. oder mehr.

Kennenlernen der Spender

Die Liste der Hoch-Spender ist jetzt Ihr wichtigstes Hilfsmittel. Stellen Sie fest, ob sich statistische Eckpunkte finden lassen:

● Sind es mehr Frauen oder Männer?
● Wo wohnen sie (Land/Stadt/Mietwohnung/Haus)?
● Wie alt sind sie?
● Wie lange sind sie schon in Ihrer Adreßkartei?

Je mehr Informationen Sie sammeln können, desto besser wird das Bild, das Sie sich von Ihrem Hoch-Spender machen können. Versuchen Sie, die Menschen zu beschreiben, einige von ihnen kennenzulernen, ihre Korrespondenz zu sammeln, mit Telefonaten direkten Kontakt herzustellen. Wenn Sie alle Informationen gebündelt haben, erstellen Sie den Prototyp des „Einmal-pro-Jahr"-Spenders und des „Mehrmals-pro-Jahr"-Spenders.

Der nächste Schritt auf dem Weg zum Hoch-Spender-Programm ist ein gezieltes Kennenlernen. Dazu eignen sich zwei Vorgehensweisen:

● Veranstaltungen
● Persönliche Besuche

Veranstaltungen

Planen Sie eine Veranstaltung, zu der Sie nur Spender ab einer gewissen Spenden-Höhe einladen. Bei einer derartigen Veranstaltung ist es notwendig, daß möglichst viele Ihrer Kollegen dabei sind (also nicht nur Fundraising-Mitarbeiter). Sie sollten versuchen, mit so vielen Gästen wie möglich ins Gespräch zu kommen. Sofort nach der Veranstaltung müssen Sie und Ihre Kollegen genaue Gesprächsnotizen machen. Hierbei sind zwei Punkte besonders zu berücksichtigen:

– Individuelle Informationen über spezifische Spender (mit Namen)
– Allgemeine Informationen über die Gruppe von Spendern (wie war ihre Kleidung, wie reisten sie an usw.).

Machen Sie bei derartigen Gelegenheiten Fotos, die Sie vergrößern lassen, und studieren Sie sie. Diese persönlichen Begegnungen sind unersetzlich, um ein Gespür für Ihre Spender zu bekommen.

Eine Organisation lud ihre Spender ein und machte von jedem Gast ein Foto, als er vom Direktor begrüßt wurde. Jeder Teilnehmer erhielt sein Foto, einen Abzug behielten wir. Daher haben wir jetzt – im wahrsten Sinne des Wortes – ein Bild von vielen unserer Spender.

Es ist wichtig, daß alle Eingeladenen und die Mitarbeiter ein Namensschild tragen. Wir haben bei dieser Gelegenheit auf dem Namensschild eine kleine Markierung (verschiedenfarbige Punkte) angebracht, die es uns erlaubte, sofort zu sehen, zu welcher Spender-Kategorie der Träger gehörte.

Persönliche Besuche

Besuche bei Spendern Ihrer Organisation sind einfacher, als Sie meinen. Wer Ihnen größere Beträge gespendet hat, bezeugt echtes Interesse an Ihrer Aufgabe und Organisation und freut sich wahrscheinlich über einen Besuch von Ihnen. Diese Besuche sind zeitaufwendig, aber sie sind auch eine fast unabdingbare Voraussetzung, um sich „ein Bild vom Spender" zu machen.

So gehen Sie vor:
Sie schreiben an ausgewählte Spender und bitten um die Erlaubnis für einen Besuch. Dabei sagen Sie ganz klar, daß es bei diesem Besuch

darum geht, neue Möglichkeiten der Mittelbeschaffung, nämlich die Finanzierung spezieller Projekte, zu diskutieren. Sie sagen aber auch ganz klar, daß Sie bei diesem Besuch nicht um Geld bitten, sondern nur Informationen sammeln wollen. Dieser Brief könnte so aussehen:

Kennenlernen von Hoch-Spendern:

Liebe/Sehr geehrte Frau Meyer,

Sie gehören schon seit längerer Zeit zu unseren treuen Freunden und haben unsere Arbeit mehrere Male mit namhaften Beträgen unterstützt. Dafür danke ich Ihnen ganz herzlich.

Ohne Sie wäre die Hilfe für Betroffene nicht möglich. Seit einiger Zeit gibt es Pläne, unsere Hilfeleistungen auszubauen. Es ist ganz klar, daß dies nicht ohne mehr Geld geht. Wir haben uns schon einige Gedanken gemacht, wie diese Geldmittel gefunden werden könnten.

Dürfen wir Sie einmal besuchen, um Ihre Meinung dazu zu hören? Verstehen Sie mich recht, bei diesem Besuch geht es nicht darum, Sie um Geld zu bitten, sondern darum, Ihre Meinung zu hören.

Ein derartiges Gespräch würde etwa eine halbe Stunde dauern und die Informationen werden vertraulich behandelt. Sie können wählen, wann und wo wir uns treffen.

Ich werde mir gestatten, Sie in den nächsten Tagen anzurufen, um zu erfahren, ob Sie mit einem Besuch einverstanden sind, und wenn ja, wann Ihnen dieser passen würde.

Es würde mich sehr freuen, von Ihnen eine positive Antwort zu erhalten und so Gelegenheit zu bekommen, Ihre Bekanntschaft zu machen.

Mit freundlichen Grüßen

P.S. Darf ich noch einmal wiederholen, daß wir Sie bei diesem Gespräch nicht um eine Spende bitten, sondern Ihre Meinung hören möchten.

Bereits fünf bis zehn Besuche erlauben es Ihnen, sich ein gutes Bild über Ihre Hoch-Spender und deren Interesse zu machen. Der nächste Schritt ist dann die Auswahl eines geeigneten Projektes.

Formulierung eines Projektes

Da es fast unmöglich ist, namhafte Beträge von Spendern für den laufenden Betrieb oder die Allgemeinkosten zu erhalten, müssen Sie ein Projekt formulieren, für das sich die Spender so begeistern, daß Sie bereit sind, größere Summen zu geben.

Auch hier gibt es entscheidende Grundregeln zu beachten:

- Diese Überzeugungsarbeit muß schriftlich erfolgen, da für zahlreiche persönliche Besuche die Zeit fehlt. Schenken Sie daher sowohl der Wortwahl als auch der visuellen Gestaltung viel Aufmerksamkeit.

- Ein besonders wichtiger Erfolgsfaktor: die Projektbeschreibung muß konkret sein!

Wichtig:

Das Programm für Hoch-Spender beinhaltet, daß diese Spender – insbesondere jene, die die magische Grenze von 100,– DM/SFr. überschritten haben – von Anfang an besonders betreut werden.

Diagramm für die Sonderbehandlung der Hoch-Spender

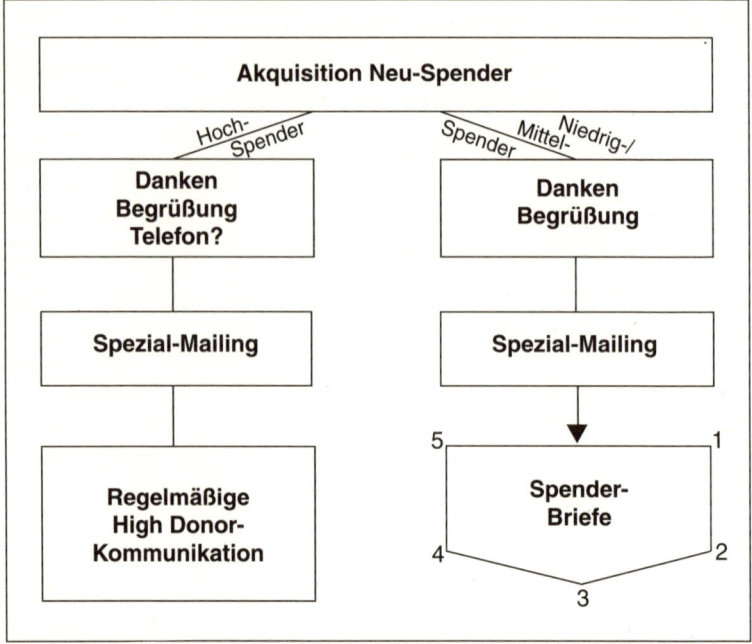

Sie sehen, es kommt doppelte Arbeit auf Sie zu. Statt alle Spender – unabhängig von der Spenden-Höhe – mit dem gleichen Mailing zu bedienen, senden Sie Hoch-Spendern spezielle Briefe, die natürlich in kleinerer Auflage produziert werden müssen. Die Adressen werden vielleicht sogar unabhängig von der Stammdatei verwaltet und sollten, wenn möglich, laufend „veredelt", d. h. mit persönlichen Informationen über den Spender, angereichert werden. Das Ziel ist, daß ein Hoch-Spender in der Folge zum Super-Spender – auch „Major Donor" genannt – wird.

Der Super-Spender ist der Traum jeder Organisation und jedes Fundraisers, bedeutet er doch, daß ganze Projekte aus einer Hand gesponsert werden, daß eine Person genausoviel Geld gibt wie vielleicht Hunderte von Klein-Spendern.

Wenn Sie Ihr erstes Projekt starten, ist es wichtig, einen Testversand für die verschiedenen vorgeschlagenen Spenden-Höhen zu machen.

Es wäre fatal, zuviel Geld zu verlangen und so Ihre besten Spender zu verärgern. Es wäre aber auch schade, wenn Sie die Beträge zu niedrig festlegten und das Spenden-Potential nicht ausnutzten.

Ein Mailing an Hoch-Spender sollte sich optisch von normaler Spender-Post unterscheiden und schon äußerlich als wichtig zu erkennen sein. Es sollte aber nicht luxuriös, sondern gepflegt wirken (schließlich soll das Geld der Arbeit zugute kommen und nicht dem Drucker).

Praxistip Hoch-Spender-Mailing:
- Eine DIN A4-Mappe aus Halbkarton mit der Projektbeschreibung in einem großen Versandumschlag;
- Ein handschriftlich unterzeichneter Brief mit der Möglichkeit zur Rückantwort plus einem Umschlag zum Zurücksenden dieser vertraulichen Antwort. Auf dem Brief sollte der vorgeschlagene Geldbetrag erscheinen, der entweder einmal oder in Raten gezahlt werden kann.

Ein Beispiel aus der Praxis:

Eine Organisation veranstaltet seit Jahren Ferienlager für Kinder aus Problemfamilien. Betreut wurden diese Lager bisher von freiwilligen Helfern. Seit einiger Zeit zeigte sich aber, daß die Kinder zunehmend schwieriger wurden und aggressiver reagierten. Freiwillige Helfer kamen mit ihnen nicht mehr zurecht.

Die Organisation reagierte und entwickelte ein Schulungsprogramm für die Betreuer. Leider entstanden dadurch zusätzliche Kosten, die aus dem allgemeinen Mittelaufkommen nicht gedeckt werden konnten.

Das Mailing an ausgewählte Hoch-Spender hatte sinngemäß folgenden Inhalt: „Finanzieren Sie ein Ausbildungs-Wochenende, damit die Betreuer den Kindern besser helfen können."

Der Vorschlag wurde sorgfältig ausgearbeitet. In dem Spenden-Aufruf wurde das Projekt ausführlich beschrieben. Unabhängige Experten bezeugten, daß derartige Ausbildungen notwendig seien usw. Illustriert wurde das Schreiben mit vielen Fotos aus den Lagern, sorgfältig von Hand eingeklebt.

Im zweiten Teil des Projektes, der für den Erfolg ebenso wichtig war, wurde der gewünschte Spenden-Betrag fixiert. Mit anderen Worten: Wer sollte und konnte wieviel geben?

Die Antwort wurde in der Datenbank mit den Spender-Adressen gefunden: Die Hoch-Spender hatten pro Jahr zwischen 200,– DM/SFr. und 1000,– DM/SFr. gegeben. Aus dieser Gruppe wurden folgende Untergruppen gebildet:

– Die Spender, die bisher zwischen 200,– DM/SFr. und 499,– DM/SFr. gegeben hatten, sollten im Lauf der nächsten drei Jahre jeweils 1000,– DM/SFr. spenden.

– Spender mit höheren Beträgen erhielten individuelle Vorgaben.

Die Vorgehensweise hatte Erfolg. Die Organisation konnte die Ausbildungs-Wochenenden finanzieren.

7. Gezielte Betreuung – Groß-Spenden-Fundraising
(von Dr. Gerlinda Melchiori)

Sie haben Ihre Spender-Zielgruppen langsam aufgebaut, allmählich erweitert und sogar die Spenden-Höhe angehoben . . . Und dann dieser Zufallstreffer: Ein ganz dicker Scheck, eine Groß-Spende, kommt bei Ihnen an!

Aber ist es wirklich ein Zufallstreffer? Mehr und mehr Organisationen stellen fest, daß man Groß-Spenden durch persönliches Engagement und konkrete Projekte bewirken kann. Aber wie? Die folgenden Seiten helfen Ihnen beim erfolgreichen Einstieg ins Groß-Spenden-Fundraising.

In den USA sind Groß-Spenden (major gifts) schon seit Jahren ein beträchtlicher Bestandteil vieler Organisationen, und bei sogenannten Kampagnen nehmen sie sogar meistens den größeren Platz ein. Die Erfolge sind hier in Europa nicht unbeobachtet geblieben. Dazu kommt, daß sich auf dem Mailing-Markt schon viele Organisationen erfolgreich tummeln und sich überlegen, wie sie ihre Spender durch persönliches Engagement langfristig an sich binden können.

Zunächst einmal ist Groß-Spenden-Fundraising ein Schock, denn der bisher doch fast gesichtslose Spender ist auf einmal eine tatsächliche

Person, mit deren Leben, Zielen und Erwartungen man sich auseinandersetzen muß. Auf einmal dreht sich das Gespräch nicht nur um die Nöte und Ziele der eigenen Organisation, sondern konzentriert sich auf die Erwartungen und Vorstellungen der potentiellen Spender.

Und damit sind wir schon mitten in der Beschreibung einer Groß-Spende und der Akquirierungsdynamik!

Die folgende Gegenüberstellung beschreibt nochmals den Unterschied zwischen einer „normalen" und einer Groß-Spende und deren unterschiedliche Dynamik und Arbeitsabwicklung:

Gegenüberstellung

Die jährliche (kleine) Spende:	Die Groß-Spende:
1. Spenden von ca. 25,– DM/SFr. bis 1000,– DM/SFr., manchmal sogar 2000 bis 3000,– DM/SFr., die regelmäßig gemacht werden.	1. Spenden, die aus über mehrere Jahre regelmäßig bezahlten Beträgen bestehen oder die als einmalige Abgabe (= von großer finanzieller Bedeutung) gespendet werden.
2. Bezahlung erfolgt meistens in Form von Bargeld (Scheck/Giro); das Geld wird aus dem jährlichen Einkommen genommen.	2. Die Spende ist meist Geld, das aus Vermögen oder Besitz genommen wird (Steuervorteile spielen oft eine Rolle).
3. Briefe, manchmal Telefonate, sind die üblichen Fundraising-Methoden.	3. Das Ansuchen ist ein auf den Spender individuell ausgerichteter Prozeß (Info-Forschung).
4. Meistens wird der Spender gefragt, ohne daß man ihn vorher lang nach Interesse und Spenden-Höhe evaluiert hat.	4. Der Spender wird sorgfältig auf die Anfrage vorbereitet.
5. Anfrage und Abschluß des Ansuchens erfolgen in einem Schritt.	5. Der Weg von Identifikation zu Involvierung bis zur tatsächlichen Anfrage erstreckt sich über mehrere Begegnungen, manchmal über Jahre.
6. Anfrage erfolgt durch eine Person oder ein Mailing.	6. Erfolg setzt ein gutes Team voraus: Volontäre, Geschäftsführer, Projektprofil-Editoren, Fundraiser, Eventmanager, tadellose Administration.
7. Es werden wenig Zeit und Info-Forschung investiert, um das Interesse des einzelnen Spenders zu erwecken.	7. Je höher das finanzielle Ziel, um so individualisierter wird die Strategie angelegt und die Anfrage ausgeführt.
8. Spender sind der Sache gegenüber positiv motiviert; die Spende ist meistens nicht projektgebunden.	8. Spenden sind meistens zweckgebunden; oft will der Spender die Anlage/den Erfolg sehen können.

Von der zufälligen Groß-Spende zum professionellen Groß-Spenden-Programm: drei wichtige Voraussetzungen

Voraussetzung 1: das Zielbild

Es ist notwendig, daß man einem potentiellen Spender ein überzeugendes Zielbild für die nächsten drei bis fünf Jahre präsentieren kann. Dieses Zielbild sollte in einzelne Projekte aufteilbar sein und nicht nur den Wünschen der Organisation entsprechen, sondern auch nach Wunschvorstellungen des Spenders. Das bedeutet keineswegs, daß man seine eigenen Zielvorstellungen aufgibt, sondern daß man die psychologischen Erwartungen der potentiellen Groß-Spender widerspiegelt: Manche wollen sich in einem Gebäude verewigt sehen, andere suchen den „human touch", das persönliche Engagement, vielleicht sogar eine Rolle für sich selbst. Andere überlassen es einem Notar, einen geeigneten Platz für ihr Geld zu finden, und wieder andere sind an konkreten Lösungen interessiert, Lösungen für unsere medizinischen, umwelt- oder ernährungstechnischen Probleme. Einige wollen ihren Lebensstil oder ihre Lebensqualität durch ihre Unterstützung von Bildung, Musik und Kunst erhalten sehen.

Diese menschlichen Bedürfnisse sollten Ihre Projekte ansprechen. Erst wenn das Interesse erweckt und das Herz angesprochen ist, werden Ihre anderen Leistungen – wirklichkeitsnahe Projektprofile, realistische Recherchen, überzeugende Arbeitsausführung – Früchte tragen.

Voraussetzung 2: die Zielgruppen

Und wo kommen die Groß-Spender her? Aus den oberen Reihen der bisherigen Spender, über persönliche Kontakte zu wohlhabenden Menschen, über sogenannte Multiplikatoren, d. h. Fürsprecher und Persönlichkeiten, die für Ihre Sache bereit sind aufzutreten. Und manchmal sogar durch Zufall!

Es ist nicht ungewöhnlich, daß meine Klienten am Anfang behaupten, sie hätten kein Zielgruppen-Potential. Meistens sind sie dann ganz überrascht zu sehen, daß man durch eine systematische Erfassung schnell auf 10 bis 15 verschiedene Zielgruppen kommen kann.

Die potentiellen Zielgruppen systematisch untersuchen:
- Bisherige Spender:
  Sicher haben Ihre Mailings einige Ihrer Spender an die Spitze Ihrer Spenderpyramide gelotst: Spender, die öfter im Jahr mehrere

Einzahlungen machen, die ab und zu eine vierstellige Zahl spenden, beziehungsweise Spender, von denen man weiß, daß sie wesentlich mehr geben könnten.

● Ältere Spender:

Durch ein Erbschafts-Info-Mailing an ihre bisherigen Spender hat so manche Organisation eine Antwort von interessierten Menschen erhalten, die man zwecks einer aus einem Legat bestehenden Groß-Spende ansprechen könnte.

● Fürsprecher/Multiplikatoren:

Fürsprecher sind Menschen, die Ihnen helfen können, eine Brücke zu wohlhabenden Menschen zu bilden. Das könnten in der Öffentlichkeit bekannte Persönlichkeiten, erfolgreiche Geschäftsleute oder gesellschaftlich oder sozial engagierte Personen sein. Wenn diese als Vermittler auftreten, haben Sie immerhin die Möglichkeit, auch Ihr Zielbild und Ihre Projekte zu präsentieren und Ihre Gesprächspartner zu engagieren. Sollten diese Kontaktvermittler bereits Spender sein, so könnte Ihr neuer Kontakt um so mehr vom Nutzen Ihrer Organisation überzeugt sein.

● Generelle Kontaktbrücken:

Man kann nie genug Kontakte haben! Daher wäre es ratsam, auch über generelle Kontakte neue Anknüpfungsmöglichkeiten zu finden. Hier sind einige Vorschläge:

– Fachverbände

– Notare, Banken, Rechtsanwälte

– Rotary Clubs, Lions Clubs, andere Organisationen

– Zulieferer/Kunden

– Produktnahe kommerzielle Betriebe

– Lokale Persönlichkeiten

Voraussetzung 3: Infrastruktur

Auch intern wird man sich auf Groß-Spenden-Akquirierung einstellen müssen, um Spender langfristig an die eigene Organisation zu binden. Hier ist eine Auswahl von organisatorischen Initiativen, die Ihnen helfen können:

● Ein Fundraising-Beirat, der die potentiellen und tatsächlichen Spender auf der obersten Ebene betreut

- Eine interne Arbeitsgruppe, die intern-politische Barrieren abbaut, Überzeugungsarbeit leistet und systematisch Richtlinien, Projektprofile, Budgets und andere umfassende Themen zur Entscheidung vorbereitet

- Info-Forschung, die Firmen-, Stiftungs- und Personenprofile, soweit (gesetzlich) möglich, vorbereitet

- Marktforschung und Zielgruppensegmentierung einleiten und intern ein Publikumsgefühl entwickeln

- Public Relations, Kommunikationsformen und -foren sowie Broschüren entwickeln, die publikumswirksam und zielgruppengerecht ausgerichtet sind

- Events und andere Ideen entwickeln, die Interesse initiieren und Spender langfristig binden

- ein EDV-System aufbauen, das den Informationsnotwendigkeiten der Organisation und ihrer Spender gerecht wird

Kaum einer meiner bisherigen Klienten erfüllte am Anfang diese organisatorischen „Voraussetzungen", und trotzdem hatten sie einen erfolgreichen Einstieg ins Groß-Spenden-Fundraising. Oft entscheidet man sich erst nach den ersten Erfolgen oder sogar erst nach der ersten Kampagne, ein optimales EDV-System einzurichten oder in Events zu investieren.

Anfangsmodelle

Je nach finanzieller Situation und internen Vorbedingungen eröffnen sich verschiedene Möglichkeiten. Da gibt es einmal ein langsam aufgebautes Groß-Spenden-Programm, das vielleicht von Ihren bisherigen größeren Spendern Ihrer Mailing-Datenbank ausgeht und dann Schritt für Schritt durch neue Wege und Kontakte auf die Groß-Spenden-Ebene gebracht wird.

Denkbar ist auch die regelrechte Fundraising-Kampagne, die versucht, innerhalb einer bestimmten Zeitspanne für konkrete Ziele und Projekte eine bestimmte Summe zu akquirieren.

Wie fange ich in meiner Organisation damit an?

Es ist immer ratsam, mit einer Machbarkeitsstudie, manchmal auch Situations- oder Barriereanalyse genannt, anzufangen. Hier werden

155

die internen Stärken und Schwächen (Ziele, Milieu, PR und Mitarbeiter) evaluiert. In einer externen Marktstudie werden Spender-Potential, Spender-Volumen und Publikumswirksamkeit der Ziele untersucht und ausgewertet.

Beide Teile – Machbarkeits- sowie Marktstudie – sind die Grundlage für die Ausarbeitung eines an die Organisation angepaßten Fundraising-Programms beziehungsweise einer Kampagne. Auf diese Weise wird versucht, die noch ungewohnte Groß-Spenden-Arbeit so einzuführen, daß sie den intern-politischen Vorbedingungen und den Zielen gerecht wird. Für eine Machbarkeitsstudie benötigt man ca. 3 bis 4 Monate, ehe man eine komplette Fundraising-Strategie entwickeln und gute Entscheidungen treffen kann.

Arbeitsablauf Groß-Spenden-Akquirierung

Einer der großen Unterschiede gegenüber dem Mailing-Fundraising ist, daß der Spender nicht gesichtslos bleibt, sondern daß man sich auf die Personen im potentiellen Spender-Umfeld einstellen muß. Was bedeutet das, und wie kann man diese Betreuung in Arbeitsabläufe umsetzen? Ich rate gemeinnützigen Organisationen, die Groß-Spenden-Akquirierung als einen Arbeitsablauf in sieben Schritten anzusehen:

1. Die Identifikation eines potentiellen Groß-Spenders erfolgt aufgrund persönlicher Kontakte, durch aufmerksamkeitsweckende Berichte in der Presse, durch Events oder durch eine Analyse der möglichen Zielgruppen nach konkreten Namen.

2. Die Info-Forschung klärt (bestätigt) die finanziellen Vorbedingungen und eventuelles Interesse am vorgegebenen Thema.

3. Eine Strategie beinhaltet, daß ein potentieller Spender näher kennengelernt wird und man ihm die Möglichkeit gibt, sich an der angebotenen Projektpalette zu orientieren.

4. Die Involvierung des Spenders beinhaltet, daß man ihn durch Events oder Mitarbeit so engagiert, daß sich das wachsende Interesse und Verständnis für die finanziellen Nöte der Organisation in einer Spende ausdrückt.

5. Das Ansuchen an den nun ausgiebig betreuten (und daher darauf vorbereiteten) potentiellen Spender beinhaltet die Anfrage um eine Groß-Spende zum richtigen Zeitpunkt, für den höchstmöglichen Betrag und für ein konkretes Projekt.

6. Der Abschluß dieser Phase beinhaltet, daß man entweder die Spendenzahlung konkret festlegt oder daß man auf einen der vorgenannten Schritte (z. B. Nummer 2, mehr Informationsforschung) zurückgehen muß.

7. Die Spender-Betreuung bewirkt, daß man dem Spender ein auf ihn oder sie zugeschnittenes Erfolgserlebnis vermittelt und genau diesen Spender/diese Spenderin am Erfolg der Spende teilnehmen läßt.

Natürlich spielt sich ein tatsächlicher Arbeitsablauf nicht so klar systematisiert ab, aber meine Erfahrung hat gezeigt, daß es wichtig ist, die einzelnen Arbeitsabschnitte zu erkennen, die verschiedenen Fähigkeiten der Mitarbeiter und/oder Vorstandsmitglieder zu respektieren und, vor allem sich genügend Zeit einzuräumen. Überraschungen, wie *„Aber an dem Projekt bin ich doch gar nicht interessiert"* oder *„Wir haben gerade geschäftliche Schwierigkeiten"*, sollte es nicht geben.

Fazit:
- Ein Groß-Spenden-Programm ist ein natürlicher nächster Schritt, nachdem ein Mailing-Programm erfolgreich aufgebaut wurde. Es besteht aus dem systematischen Aufbau einer Spender-Pyramide, entweder mit bereits bekannten Spendern und/oder mit neu-identifiziertem Potential.
- Groß-Spender-Betreuung setzt Kontakt- und Kommunikationsfreudigkeit, Innovationsfreude, Menschenerfahrung und Fingerspitzengefühl voraus. Zudem braucht ein Groß-Spenden-Programm Anschubfinanzierung und Aufbauzeit.

Gemeinsame Zielvorstellungen und Effizienz

Natürlich haben verschiedene Organisationen unterschiedliche Publikumswirksamkeit, und zu großer finanzieller Druck kann sich auch negativ auswirken. Dennoch, gezieltes Werben von Groß-Spenden ist oft kostengünstiger als Direct Mail-Fundraising.

Groß-Spender suchen Erfolgserlebnisse, neue Möglichkeiten und organisatorische Transparenz. Da diese Menschen meistens selbst im Leben erfolgreich sind, erwarten sie auch in ihrem gemeinnützigen

Umfeld effiziente Planung, transparente Abwicklung und zeitlich und kostengünstig erreichte, sichtbare Erfolge.

Die Möglichkeit, in die Zukunft einer Organisation, in unsere Gesellschaft und ihre Menschen zu investieren, gibt dem Spender und dem Fundraiser das Gefühl, gemeinsame Wertvorstellungen und Wünsche zu verwirklichen!

Die Kunst zu fragen: Fundraising per Telefon

(von Marcel Gantenbein)

12

1. Mit dem Spender direkt kommunizieren

„Allen Leuten recht getan, ist eine Sache, die niemand kann." – Zu welchem Typus Zeitgenossen gehören Sie? Zu dem, der sich darüber freut, wenn ihn eine Marktforschungsagentur auf seinem privaten Telefonanschluß anruft, um ihn zu einem spezifischen Thema zu befragen? Oder fühlen Sie sich grundsätzlich durch solche Aktionen belästigt? Vielleicht gehören Sie einer dritten Kategorie an, die es nur dann in Ordnung findet, am Telefon über ein Thema befragt zu werden, wenn man ihnen sagt, wofür und wozu die Aktion durchgeführt wird, und die schlußendlich auch ein Resultat ihres Mitwirkens sehen will?

Das Telefon als persönliches, maßgeschneidertes Mittel für die Direktkommunikation mit dem Spender ist im Kommen. Und wie so oft spielt die Art und Weise, wie eine Aktion durchgeführt, wie der Gesprächspartner angegangen und behandelt wird und welche Rückmeldung man ihm später zukommen läßt, eine wichtige Rolle für die Akzeptanz des Mediums und den damit verbundenen Sammelkampagnen.

Telefon-Fundraising-Aktionen sind per se weder positiv (erfolgreich) noch negativ (nicht erfolgreich). Richtig eingesetzt können sie Direct Mailing-Kampagnen hervorragend ergänzen, sogar begleiten. Denn das Telefon schafft da Kontakt, wo schriftliche Kommunikation an ihre natürlichen Grenzen stößt.

Jetzt wird es sicher Leser geben, die denken: „Telefon-Fundraising kommt aus den USA und soll auch dort bleiben. Das funktioniert bei uns nicht!"

Das ist gleichzeitig richtig und falsch. So, wie es manche Amerikaner tun – offensiv und marktschreierisch mit einer dazugehörenden Überrumpelungstaktik –, kann es bei uns nicht erfolgreich sein. Paßt man hingegen das Prinzip des telefonischen „Vorbeischauens bei den Spendern zu Hause" den jeweiligen kulturellen Konventionen und Traditionen an, kann man dafür sehr Sympathien ernten. Jeder Mensch, der sich von einem Gegenüber positiv wahrgenommen fühlt, entwickelt diesem Gegenüber positive Gefühle. Und: in der Zeit der Massenkommunikation kann man nicht mehr überall persönlich vorbeigehen, so daß das Telefon den einfachsten Weg zur persönlichen Kommunikation darstellt.

2. Wann hilft Telefon-Fundraising?

Das Direct Mail und die damit aufgebaute Adreßkartei sind die notwendige Basis für die telefonische Arbeit.

Telefon-Fundraising setzen Sie am besten ein, um

- eingeschlafene Spender zu reaktivieren. Bei einer jüngst durchgeführten Telefonaktion eines großen Schweizer Hilfswerks konnten 20 % der inaktiven Spender reaktiviert werden.
- Beiträge von aktiven Spendern zu erhöhen. Der telefonische Kontakt kann die gesammelten Beträge um ein Vielfaches erhöhen.
- aus sporadischen Spendern regelmäßige zu machen. Moderne Telefon-Fundraising-Anbieter arbeiten mit zeitgemäßen Methoden. Lastschriftverfahren und ähnliches, bei denen ein Spender nur gerade 20,– DM/Fr. pro Monat bezahlt, dies jedoch zwölfmal pro Jahr und über drei oder vier Jahre hinaus, bringen der Organisation langfristig viel, ohne den Spender finanziell zu belasten.
- Informationen über den Spender zu erhalten. Es wird immer wichtiger, interaktiv mit dem Gönner kommunizieren zu können, denn: Organisationen, die es verstehen, sich über die Bedürfnisse und Erwartungen der Spender zu informieren und diese in ihre Aktionen zu implementieren, haben Zukunft.
- die Spender zu pflegen. Sie möchten wissen, was mit ihrem Geld passiert ist, sie möchten angehört werden. Eine menschliche Stimme nützt da mehr als ein computergeschriebener Brief.

Hinzu kommt, daß Telefonaktionen als Nur-Spendenaufruf gestaltet oder auch kombiniert als Spendenaufruf/Marktumfrage oder Informationskampagne/Spendenaufruf/Marktumfrage angewandt werden können.

Ein hypothetischer Fall:

Das Behindertenwerk EFEU wurde vor fünf Jahren gegründet. Die Geschäftsleitung von EFEU hatte aufgrund von Erfahrungen mit der Basis die Idee, ein Behinderten-Nottelefon einzurichten, über das Behinderte, die zu Hause leben, in Notfällen mit dem Werk Kontakt aufnehmen und Hilfe erfragen können. EFEU benötigt für dieses spezifische Projekt Geld und entscheidet sich für eine kombinierte Kampagne Information/Marktumfrage/Spendenaufruf. Die Spender werden schriftlich und am Telefon über das Bedürfnis des „Nottelefons" orientiert (Information), um ihre Meinung gefragt (Marktumfrage) und zu einer Geldgabe animiert (Spendenaufruf). Dieses sehr zielgerichtete Vorgehen gibt der Geschäftsleitung von EFEU rasch Auskunft darüber, ob sie mit ihrem Projekt richtig liegt und wie sie ihre Kommunikation verbessern muß, um bei den Spendern auf das notwendige Verständnis zu stoßen.

3. Pro und Contra des Telefon-Fundraising

Was spricht für Telefon-Fundraising?

- Hohe Aufmerksamkeit, individuelle Ansprache
- Persönlicher Kontakt zur Zielgruppe und dadurch erhöhte Motivation
- Möglichkeit zur unmittelbaren Reaktion auf individuelle Bedürfnisse (Spender-Bindung)
- Hohe Durchdringungsdichte; 70 bis 80 % der Zielpersonen werden erreicht.

Wir haben zahllosen Gesprächen zugehört und wurden Zeuge, wieviele Spender sich gefreut haben, daß man sie anrief, daß man sie ernst nahm, daß man an ihnen interessiert war. Oft war das Problem, das Gespräch nach einiger Zeit höflich zu beenden – der oder die Angerufenen hätten gerne noch weitergemacht.

Das beste Werbeargument für das Telefon-Fundraising ist deshalb die einfache Frage: Wann sind Sie das letzte Mal vom Fernseher aufgestanden und gerannt, um einen Brief zu lesen?

Was spricht gegen Telefon-Fundraising?

Telefon-Marketing stört den Spender in seinem eigenen Heim. Aber wie war das eigentlich früher, als man an der Tür klingelte und um eine Spende bat? Oder wie ist es, wenn man auf der Straße mit der Sammelbüchse belästigt wird? Mit dem Telefon kommt man eigentlich wieder auf die Anfänge des Spenden-Sammelns zurück, man besucht den Spender zu Hause bzw. konfrontiert ihn direkt.

Ein weiterer Einwand gegen das Telefon-Marketing ist oft, daß sich viele Angerufene nicht gegen einen professionell geschulten Anrufer wehren können oder daß Telefonistinnen zu aufdringlich sind. Die Konsequenz von solchen Situationen ist, daß viele sich ärgern, am Telefon eine Spendenzusage gemacht zu haben, und später ihr Versprechen nicht halten.

Wichtig:
Telefon-Fundraising-Aktionen müssen korrekt und freundlich durchgeführt werden, um diesen Negativfaktoren vorzubeugen.

4. Telefon-Fundraising – besser alleine oder zusammen mit Profis?

Wenn Sie sich für Telefonanrufe entscheiden, müssen Sie zuerst eine Frage klären: Wollen Sie Freiwillige oder Mitarbeiter Ihrer Organisation telefonieren lassen oder mit einer professionellen Telefon-Marketing-Firma zusammenarbeiten? Eigene Mitarbeiter haben sicher Vorteile, so wissen sie z. B. über die Organisation Bescheid, können alle Fragen beantworten, sind von der eigenen Arbeit überzeugt und können dies meist auch besser darstellen.

Damit stellen sich folgende Fragen: Wie führt man eine Telefonkampagne durch? Brauche ich dafür wirklich externe Hilfe, oder kann ich das alleine? Sind externe Dienstleister nicht sehr teuer?

Erste goldene Regel:
Wir leben in einer Welt der Spezialisten, in der Professionalität ein wichtiges Gut ist. Für Bankgeschäfte gehen wir zu Banken, für Postgeschäfte zur Post. Auch Telefon-Fundraising-Aktionen gehören in die Hand von professionellen Anbietern.

Vorteile professioneller Anbieter

- Telefon-Fundraising-Aktionen sind sehr personalintensiv. Woher nehmen Sie das Personal, wie schulen Sie es? Und ist es als Hilfswerk sinnvoll, Dutzende von Personen im Fundraising-Bereich zu beschäftigen und sich als „well collecting"-Organisation zu präsentieren? Professionelle Anbieter verfügen über gut ausgebildete Telefonistinnen und Telefonisten, die Erfahrung darin haben, mit Gönnern und deren teilweise unvorhersehbaren Reaktionen zuverlässig umgehen zu können.

- Telefon-Fundraising-Aktionen sind verwaltungsintensiv, denn es findet ja nicht nur ein einfaches Telefongespräch mit dem Spender statt. Nein, professionelles Telefon-Fundraising heißt: Vorabbrief, Telefonaktion, Bestätigungsschreiben/Dankesschreiben. Gleichzeitig müssen Bemerkungen, Reaktionen etc. von Spendern in ihren Akten vermerkt werden. Eine Profi-Organisation verfügt über die entsprechenden EDV-Programme und Strukturen, um diese Arbeit korrekt ausführen und Ihnen übergeben zu können. Der Verwaltungsaufwand Ihrer Organisation wird somit gesenkt.

- Telefon-Fundraising-Aktionen sind nicht billig. Man muß wissen, wann und zu welchem Zeitpunkt es vernünftig ist, eine Aktion abzubrechen, weil sie unter einem schlechten Stern steht. Die Erfahrung professioneller Telefon-Fundraiser kann helfen, diesen Zeitpunkt zu erkennen und unnötige Ausgaben zu vermeiden.

- Eigene Mitarbeiter trauen sich oft nicht, um Geld zu bitten. Dies betrifft vor allem höhere Beträge.

Wichtig:
Auftrag und Bedingungen der Zusammenarbeit mit externen Dienstleistern sollten – vor Beginn – unmißverständlich formuliert sein. Eine Profi-Agentur sollte Defizite, wenn welche entstehen, übernehmen. Damit sind Sie als Kunde sicher, daß aus einer Geldsammelaktion kein Verlustgeschäft wird. Es ist an Ihnen zu entscheiden, ob Sie eine Defizit-Garantie und gewisse dazugehörige Bedingungen akzeptieren wollen.

5. Telefon-Marketing – Kampagnen planen

Zuerst definiert man das Ziel! Bereits bei dieser wichtigen ersten Arbeit ist es sinnvoll, daß Sie Kontakt mit einem professionellen Anbieter aufnehmen und die Zieldefinition mit ihm zusammen vornehmen. Er ist erfahren und kann vielleicht schneller als Sie eruieren, was Sie zum aktuellen Zeitpunkt wirklich benötigen.

Anschließend durchforstet man die eigenen Spender-Daten, um diejenigen herauszufiltern, die für das angestrebte Ziel in Frage kommen. Sobald Sie sich klar über das Ziel sind (Geld sammeln bei aktiven Gönnern, Informationen bekommen, Informationen bekanntgeben, inaktive Spender mobilisieren usw.), übergeben Sie diese Daten der Agentur, dem TFR-Anbieter (TFR = Telefon-Reaktion), so daß sie damit arbeiten kann.

Der Anbieter entwirft nun einen Vorabbrief. Darin wird die Telefonaktion und ihre Motive dargelegt. Spender, die nicht angerufen werden wollen, können dies per beigelegtem Absage-Formular und frankiertem Rückumschlag bekanntgeben.

Jetzt kommt das Entscheidende für den Erfolg Ihrer Aktion. Die Agentur entwirft den Gesprächsablauf für das Telefongespräch, das sogenannte „Skript". Die Erfahrungen einer Agentur sind hierfür eine große Hilfe.

Checkliste: Telefonskript
● Jedes Skript muß genau und ausführlich sein; von der Begrüßung bis zur Schlußformel muß alles darin aufgeführt werden.
● Ein Skript muß einen klaren Verlauf haben, aber immer in der Frage nach Unterstützung enden.
● Es muß verschiedene Gesprächspfade geben, welche die Antworten/Reaktionen der Angerufenen berücksichtigen.
● Sie müssen sich vorher über die möglichen Einwände des Angerufenen klar werden und Ihre Antworten darauf finden.
● Am Anfang muß immer die klare Nennung des Anrufers erfolgen sowie die Frage, ob der Anruf gelegen kommt oder nicht.
● Es muß genau erklärt werden, wofür das Geld bestimmt ist (welches Projekt, dringende Hilfe für . . .).

Sobald der Rücklauf des Vorabbriefes ausgewertet und das Skript erarbeitet ist, kann die eigentliche Telefonaktion beginnen. Es werden nur die Spender angerufen, die sich nicht gegen einen Anruf ausgesprochen haben.

Wieviel Druck soll man ausüben, um den Angerufenen zu überzeugen?

Als wir die ersten Erfahrungen im Telefon-Marketing machten, verließen wir uns auf die amerikanische Agentur, die sagte, daß viel Druck notwendig sei, sonst wären die Ergebnisse schlecht. Wir hatten kein gutes Gefühl und behielten recht. Die amerikanische Agentur konnte nach den ersten Anrufen wunderbare Statistiken zeigen über den Erfolg der Aktion – viel Geld war am Telefon versprochen worden, nur: Die Spender bezahlten nicht. Sie hatten sich über die aufdringlichen Anrufer geärgert. Daraus folgt:

Lieber weniger Druck, dann werden die versprochenen Summen auch bezahlt.

6. Durchführung der Aktion und Nachbearbeitung

Sie vereinbaren zusammen mit der Agentur, in welchem Zeitraum die Telefonaktion durchgeführt werden muß. Das ist wichtig, denn nur so kann der Anbieter die Durchführung Ihrem Zeitablauf entsprechend planen. Sollte die Telefonaktion z. B. nur ein Zusatzaspekt einer breiter angelegten Inseratekampagne oder ähnlichem sein, ist es wichtig, daß die Spender exakt zu dem Zeitpunkt angerufen werden, an dem die Inserate noch laufen.

Nehmen wir unser Beispiel, das Behindertenwerk EFEU:

Am Telefon erklären die geschulten Telefonistinnen, wieso das Behinderten-Nottelefon wichtig ist und warum es so viel kostet. Gleichzeitig kann Herr Meier, ein langjähriger und treuer Spender, auch seinen Ärger darüber loswerden, daß man ihm bei der letzten Spende nicht gedankt hat. Die Telefonistin erfährt auch, daß Herr Meier besonderes Interesse daran hat, die Behindertenferien, welche EFEU anbietet, finanziell zu unterstützen. EFEU lernt dank dieser Aktion, daß ein großer Teil ihrer Spender das neue Nottelefon finanziell unterstützen möchte, gleichzeitig aber auch Informationen darüber benötigt, wie das bisher gespendete Geld eingesetzt wurde und wie es mit der finanziellen Situation der bereits bestehenden Projekte von EFEU aussieht.

Die Daten und Informationen aus den Telefongesprächen – versprochene Geldbeträge, Kommentare, Bemerkungen etc. der einzelnen Spender – werden gesammelt und erfaßt. Lastschriftaufträge – die bequemste Art zu spenden – werden direkt vom Profi initiiert.

Unverzüglich nach einem Gespräch wird auch ein entsprechendes Bestätigungs- und Dankesschreiben an den Spender verschickt. Jeder verlorene Tag bei diesem Schreiben bedeutet verlorenes Geld oder, noch schlimmer, verlorenes Vertrauen.

Wichtig:
Die Zahlungen der Spender sollten immer direkt an das Hilfswerk gehen. Dies gilt auch dann, wenn eine Profi-Agentur die Telefonaktion durchführt.

Am Schluß erhält EFEU eine Adreßkartei zurück, die um wesentliche Informationen reicher und maßgeschneiderter gestaltet ist, als sie das vorher war. Der entstandene Mehrwert für die Organisation kann sich sehen lassen.

7. Kosten und Nutzen von Telefonaktionen

Was kosten richtig durchgeführte Telefonaktionen? Stehen Kosten und Nutzen in einem gesunden Verhältnis zueinander?

Erfahrungen bei „aktiven" Spendern zeigen, daß rund 26 % der angerufenen Spender einem Lastschriftauftrag zustimmen, mittels dem rund 440,– DM/SFr. pro Jahr und Spender gespendet werden. 22 % der Angerufenen entscheiden sich für eine konkrete Einzelspende, deren Durchschnittshöhe sich auf 100,– DM/SFr. beläuft, während 24 % unkonkrete Spendenzusagen machen und 28 % mit „habe schon gespendet" antworten. Es entsteht somit ein durchschnittliches Spendenvolumen von 148,– DM/SFr. pro Telefonkontakt.

Und wie steht es bei inaktiven Spendern? Rund die Hälfte der Angerufenen ist grundsätzlich bereit, die Mitgliedschaft wieder aufzunehmen. Hier entscheiden sich durchschnittlich 10 % für ein Lastschrift-
verfahren. Dies bewirkt Spenden von rund 280,– DM/SFr. pro Jahr.
25 % entscheiden sich für eine Einzelspende von durchschnittlich
64,– DM/SFr., während 30 % unkonkrete Spendenzusagen machen.
35 % antworten mit „habe schon gespendet". Das Mittel beträgt
53,– DM/SFr. pro Telefonkontakt.

Das durchschnittliche Kosten-/Nutzen-Verhältnis beträgt im ersten
Jahr 1 : 2, im zweiten Jahr 1 : 3 und im vierten Jahr 1 : 4. Bei Direct
Mail-Kampagnen liegen diese Werte meist deutlich niedriger.

Fazit:
Die Kontaktkosten des Telefon-Fundraising sind zwar höher als
jene des Mailings, die erwirkten Spenden fallen jedoch ebenfalls deutlich höher aus.

Wichtig:
Achten Sie darauf, daß die Telefonisten – egal ob Sie die Aktion
selber durchführen oder einen Profi damit beauftragen – einen pau-
schalen Betrag für jedes geführte Gespräch erhalten. So wird vermieden, daß die Gespräche unter Druck geführt werden; außerdem sind
die Kosten im voraus kalkulierbar.

Einige Probleme –
und einige Lösungen

13

1. Umgang mit Fragen und Beschwerden: Wie reagiert man am besten?

Es gibt immer Menschen, die sich beschweren, und je mehr Briefe Sie versenden, um so mehr Beschwerden oder Klagen werden Sie erhalten. Besonders wenn Sie ein neues Mailing-Programm starten, werden einige Ihrer Spender ihrer Verwunderung oder ihrem Ärger Ausdruck verleihen.

Sie dürfen kritische Stimmen (schriftliche und telefonische) nicht übergehen, sondern Sie sollten nach Lösungen suchen, um Kritik so gering wie möglich zu halten.

Regeln zum Umgang mit Beschwerden

- *Nehmen Sie jede Reaktion ernst!*

  Wenn sich jemand die Zeit nimmt, Sie anzurufen oder Ihnen zu schreiben, um eine Beschwerde loszuwerden, so ist das ein gutes Zeichen. Der Absender hat so viel Interesse an Ihrer Arbeit, daß er aktiv wird, Ihnen sagt, was ihn stört, und vielleicht sogar eine Lösung vorschlägt. Das macht es doppelt wichtig, Beschwerden ernst zu nehmen und nach einer Lösung zu suchen.

  Ich habe wieder und wieder gesehen, daß die schnelle, aufrichtige und effiziente Beantwortung dazu führte, daß der Klagende zu einem aktiven Spender einer Organisation wurde.

  Eine Faustregel besagt, daß es mit jedem Spender, der sich meldet und seinem Ärger Luft macht, zehn weitere gibt, die sich ärgern, aber nichts sagen. Ich meine, daß diese Zahl sogar noch höher liegt. Bei Zeitungen rechnet man damit, daß bei jedem Leserbrief 300 schweigende Anhänger das gleiche denken.

- *Antworten Sie schnell und persönlich – per Brief oder per Telefon!*

  Auch wenn Sie vielleicht zuerst nur sagen können, daß Sie mehr Zeit brauchen, um die Angelegenheit aufzuklären: Es ist enorm wichtig, daß Sie sofort auf eine Beschwerde reagieren.

- *Beschwerden sind Chefsache!*

  Ihr Chef muß diese Briefe sehen und abschätzen, ob sich Beschwerden häufen oder sich ein Trend erkennen läßt. Für die Beantwortung genügt es dann, den Brief zu kategorisieren und zur

Bearbeitung weiterzuleiten. Oft sind ein paar handgeschriebene Worte aber wirksamer als ein langer Brief! Wichtig ist, daß der Spender sich ernst genommen fühlt.

Vor allem sollten Sie versuchen, Probleme vorauszusehen und zu verhindern. Sitzungen für präventives „troubleshooting" sind bei der Planung jeder Aussendung wichtig und lohnen sich allemal.

Nachstehend ein paar Beispiele für häufige und immer wiederkehrende Probleme:

Warum bekomme ich immer mehrere Exemplare des gleichen Briefes?

Wer mit Direct Mail und/oder Adreßverwaltung zu tun hat, weiß, daß es immer wieder vorkommen wird, daß Briefe mehrfach versendet werden, trotz aller Mühe, die man aufwendet.

Die meisten Empfänger werden die zusätzlichen Briefe in den Papierkorb werfen, sich über die Verschwendung ärgern und denken, daß Ihre Organisation Spenden-Gelder ineffizient einsetzt.

Der ideale Spender informiert Sie, teilt Ihnen die verschiedenen Namen, Adressen und Kundennummern, unter denen er die Mailings erhält, mit. Das Problem ist, daß die Spender nicht unbedingt wissen können, daß wir auf Namen und Anschrift verzichten können, wenn wir nur die Kundennummer erfahren. Dieser Zusammenhang muß vorsichtig und mit viel Einfühlungsvermögen erklärt werden, um zu verhindern, daß der Spender sich auf eine Nummer reduziert fühlt.

Ein Standardbrief zur Beantwortung dieses Problems könnte so aussehen:

```
Sehr geehrte/liebe Frau Meyer,

Sie gehören zu unseren treuen Spendern, und wir
danken Ihnen für Ihre Unterstützung.

Wir möchten uns entschuldigen, daß Sie mehrere
Exemplare unseres letzten Spendenaufrufs erhalten
haben. Gerne erkläre Ich Ihnen, wie es dazu kam.

Wir haben die Namen unserer Spender auf einer
Adreßliste regelmäßig per Computer überprüft.
```

Dabei sollen Doppelnennungen erkannt und automatisch gelöscht werden. Leider war Ihre Adresse mehrmals mit jeweils kleinen Abweichungen gespeichert. Bei dem Adreßabgleich ist es dann schwer zu beurteilen, ob es sich bei fast gleichen Namen und Adressen um die gleiche Person handelt.

Wir werden die nicht korrekten Namen oder Adressen natürlich sofort löschen. Vielen Dank, daß Sie sich die Mühe gemacht haben, uns zu benachrichtigen.

Bitte unterstützen Sie uns weiter. Ihr Beitrag ist lebenswichtig für unsere Aufgaben. Sollte wieder etwas vorkommen, das Sie stört oder ärgert, lassen Sie es mich bitte sofort wissen, und ich werde die Sache in Ordnung bringen.

Mit freundlichen Grüßen

Woher haben Sie meinen Namen?

Diese Frage wird häufig bei Mailings gestellt, die der Gewinnung neuer Spender dienen. Die Menschen sind sensibel geworden, sie wollen nicht, daß ihre Adresse ein Handelsgut ist.

Eine freundliche Antwort wirkt oft Wunder:

Sehr geehrte/liebe Frau Meyer,

vielen Dank für Ihre Anfrage nach der Herkunft Ihrer Adresse.

Unsere Organisation erhält die finanziellen Mittel für ihre Arbeit von einigen treuen Spendern, die es uns möglich machen, Hilfe zu leisten.

In letzter Zeit haben wir angesichts neuer Probleme immer mehr Aufgaben übernehmen müssen. Dafür benötigen wir mehr Geld. Woher sollen wir es bekommen? Wir versuchen, unsere Anliegen und Aufgaben weiter bekannt zu machen und so neue

Spender zu gewinnen. Der Brief an Sie war solch ein Versuch. Ihre Adresse war in einer Liste enthalten, die wir von einer spezialisierten Agentur erhielten.

Ich möchte klarstellen, daß wir nur Ihre Adresse erhielten und keinerlei weitere Informationen.

Ich würde mich sehr freuen, wenn Sie sich entschließen könnten, unsere Arbeit mit einem Beitrag zu unterstützen. Damit Sie sich ein Bild von unseren Aufgaben machen können, lege ich Ihnen eine kleine Broschüre bei.

Sollten Sie noch weitere Fragen haben, stehe ich natürlich gerne zu Ihrer Verfügung.

Mit freundlichen Grüßen

In den meisten Fällen genügt solch ein eher allgemeines Schreiben, um den Empfänger zu beruhigen. Sollte er jedoch darauf bestehen, genaueres zu erfahren, müssen Sie sich die Mühe machen, anhand der Codes herauszusuchen, aus welcher Liste Sie den Namen erhielten.

Es gibt heute schon viele „mündige" Direct Mail-Empfänger, die bewußt ihren Namen verändern (z. B. mit einem anderen oder abge- kürzten Vornamen) und so wissen, woher Sie ihren Namen haben.

Warum verschwenden Sie Spenden-Gelder für Fundraising?

Einige Empfänger/Spender werden wissen wollen, wieviel Geld Sie für die Mittelbeschaffung ausgeben. Sie wollen, daß ihre Spende exklusiv eingesetzt wird, um anderen zu helfen. Andere wollen genaue Zahlen: Wieviel bleibt vom gespendeten Geld für die eigentli- che Arbeit übrig?

Im allgemeinen wird folgende Antwort diese Fragen klären:

Sehr geehrte/liebe Frau Meyer,

wir möchten uns bei Ihnen dafür bedanken, daß Sie sich die Mühe gemacht haben, uns zu schreiben, um sich nach unseren Ausgaben und der Verwendung unserer Spenden-Gelder zu erkundigen.

Beiliegend finden Sie unseren Jahresbericht. Den Informationen auf Seite . . . können Sie entnehmen, wieviel Geld wir für unsere verschiedenen Tätigkeiten ausgeben. Sie ersehen daraus, daß wir nur . . . % der Spenden für Verwaltungs- und andere Kosten ausgeben und daß . . . % der eigentlichen Hilfe zugute kommen.

Dies ist im Vergleich mit anderen Werken ein sehr guter Prozentsatz, und wir sind stolz darauf, daß es uns jedes Jahr wieder gelingt, Spendengelder so sparsam wie möglich einzusetzen.

Darf ich Ihnen noch etwas erklären? Wie Sie wissen, wird unsere Arbeit hauptsächlich von Spendern finanziert. Jedes Jahr aber gibt es Spender, die uns nicht länger unterstützen wollen oder können. Darum müssen wir unbedingt einen kleinen Teil unserer Einnahmen einsetzen, um neue Spender vom Wert und der Wichtigkeit unserer Arbeit zu überzeugen. Nur wenn wir weiterhin genügend Spenden erhalten, können wir helfen.

Je mehr Spender wir haben, desto mehr Geld haben wir, desto mehr können wir helfen. Darum ist Ihre Unterstützung so wichtig.

Ich hoffe, ich habe Ihre Frage zufriedenstellend beantwortet. Wenn dies nicht der Fall sein sollte, rufen Sie mich bitte an oder schreiben Sie mir, und ich gebe Ihnen gerne zusätzliche Informationen.

Ich danke Ihnen noch einmal, daß Sie sich die Mühe gemacht haben, uns zu schreiben, und verbleibe

mit freundlichen Grüßen

2. Wie bleiben Spender treu?

Es ist eine traurige Tatsache, daß Spender in den seltensten Fällen ewig treu bleiben. Sie senden weiter Ihre Spenden-Appelle, aber die Empfänger reagieren nicht mehr. Der sogenannte Spender-Schwund (attrition rate) ist eine der größten Schwierigkeiten des Fundraisers. Was kann man dagegen tun?

Die meisten Organisationen streichen diese Adressen nach einiger Zeit (im allgemeinen nach etwa zwei bis drei Jahren). Damit verlieren sie den Spender endgültig. Das ist schade, denn manchmal genügt eine kleine Extra-Anstrengung, um das Interesse neu zu wecken und wieder einen aktiven Wohltäter zu Ihrer Organisation zu zählen.

Wichtig:
Versuchen Sie, 18 bis 24 Monate nach der letzten Reaktion einen Spezialbrief zu senden.

Zeitungen gehen uns hier mit gutem Beispiel voran. Sie wissen, wie schwierig es ist, einen neuen Abonnenten zu finden. Sie haben erkannt, daß es billiger und einfacher ist, einen bisherigen Abonnenten wieder zu gewinnen und sparen keine Anstrengungen und „Sonderangebote", um den Leser davon zu überzeugen, daß er sein Abonnement erneuern sollte.

Können Sie Ihrem Spender ein „Sonderangebot" machen? Können Sie ihm etwas schreiben, was ihn dazu bewegt, wieder Spender zu werden? Vielleicht wäre ein Anruf das beste?

Wahrscheinlich ist das einzige „Sonderangebot", das Sie machen können, mehr Zuwendung und Beachtung. Wenn Sie bei der Auswertung Ihrer Zahlen feststellen, daß ein ehemals regelmäßiger Spender seit mehr als einem Jahr nichts gegeben hat, sollten Sie ihm schreiben. Indem Sie den Spender darüber informieren, daß Sie festgestellt haben, daß seit der letzten Zahlung schon viel Zeit vergangen ist, merkt er: „Aha, man nimmt mich wichtig. Mein Beitrag fehlt." Natürlich liegt derartigen Schreiben immer ein Zahlschein bei.

Ein Teil der Spender wird hierauf mit einer Spende reagieren. Was ist mit den anderen? Machen Sie es ihnen so leicht wie möglich, zu reagieren und Informationen über ihre Haltung zu geben. Sie können auch eine Postkarte beilegen, schon an Ihre Organisation adressiert und vielleicht bereits frankiert.

Reaktivierungskarte

Mit einer Briefmarke frankierte Antwort-Postkarten lohnen sich – so das Ergebnis meiner Tests. Die Briefmarke erhöht den moralischen Druck erheblich und beschert Ihnen überdurchschnittlich hohe Response-Quoten. Die Karte kann gemeinsam mit dem Mailing produziert werden. Sie ist mit dem Namen des Empfängers personalisiert, trägt auf der einen Seite Ihre Postadresse, auf der anderen mehrere Antwort-Möglichkeiten, die vom Empfänger angekreuzt werden können.

> Die vorgegebenen Antwort-Möglichkeiten könnten so aussehen:
> ☐ Meine Adresse ist nicht richtig. Bitte korrigieren Sie sie wie folgt:
> ☐ Ich kann vorläufig nicht mehr spenden. Bitte senden Sie mir in absehbarer Zeit keine Post mehr.
> ☐ Bitte streichen Sie meine Adresse.

Darunter sollten Sie Platz für Anmerkungen lassen und dem Empfänger die Möglichkeit für persönliche Mitteilungen geben.

Ein derartiges Mailing erzielt keine überwältigenden Rückläufe, aber doch höhere als kalte Mailings. Es gestattet Ihnen, „schlafende" Namen zu aktivieren, Spender wieder zu involvieren und die Kommunikation wieder aufzunehmen. Zusätzlich können Sie „tote" Adressen aus Ihrer Kartei nehmen und somit bei zukünftigen Mailings Kosten sparen.

„Warum haben Sie uns verlassen?"

Das ist eine weitere Maßnahme, um „schlafende" Adressen zu aktivieren. Sie senden an Nicht-Beantworter des ersten Mailings ein weiteres Schreiben, das diese Klage beinhaltet. Ein derartiger Brief könnte so aussehen:

Sehr geehrte/liebe Frau Meyer,

vor mehr als einem Jahr sandten Sie uns eine
Spende. Ihre damalige Unterstützung von . . . hat
dazu beigetragen, daß wir mit unserer Arbeit weiter
helfen konnten. Noch einmal danke ich Ihnen von
Herzen dafür.

Seit einiger Zeit haben wir neue Aufgaben übernehmen müssen . . . (Einzelheiten darstellen)

Wir wären Ihnen sehr dankbar, wenn Sie uns noch
einmal helfen könnten. Jeder Spenden-Betrag ist für
uns von größter Wichtigkeit und ein Zeichen, daß
Sie uns nicht vergessen haben. Könnten Sie den beiliegenden Zahlschein verwenden, um uns noch einmal
mit einer Spende zu unterstützen?

Vielleicht hat sich Ihre Spende mit diesem Schreiben gekreuzt, dann danke ich Ihnen im voraus. Vielleicht ist uns auch ein Fehler passiert und wir
haben eine Ihrer Spenden nicht richtig verbucht.
Falls dies der Fall sein sollte, bitten wir um eine
entsprechende Nachricht, damit wir unseren Irrtum
sofort berichtigen können.

Sollten Sie sich entschlossen haben, nicht wieder
zu spenden, möchten wir Sie bitten, sich einen
Moment Zeit zu nehmen, um uns zu sagen, warum. Wenn
wir Sie verärgert oder verletzt haben, möchten wir
natürlich alles unternehmen, um dies wiedergutzuma-
chen.

Haben Sie Fragen? Möchten Sie Vorschläge machen?
Mit der beiliegenden Karte haben Sie Gelegenheit,
uns einfach und gratis zu antworten. Aber auch ein
Anruf würde uns freuen.

Auf jeden Fall werden wir Ihnen so schnell wie möglich antworten.

Mit freundlichen Grüßen

Ob Sie so weit gehen wollen, müssen Sie selber entscheiden. Vergessen Sie nicht: Ihre Spender geben freiwillig. Ihre Organisation hat kein Recht auf die Spende! Zu oft und zu lange auf einer weiteren Spende zu beharren, kann beim nicht länger interessierten Spender zu ziemlicher Irritation führen.

Reaktivierungsmaßnahmen – wann?

- Wieviel Zeit sollten Sie verstreichen lassen oder wieviele Briefe senden, bevor Sie zu den obigen Maßnahmen greifen? – Nur die Analyse Ihrer Datenbestände kann Ihnen diese Auskunft geben.

- Ab welcher Kostenhöhe wird es billiger, einen neuen Spender zu finden? – Die Antwort auf die Frage hängt natürlich auch von der Spenden-Höhe des abgesprungenen Spenders ab. Klar, daß Sie mehr Geld und Anstrengung in die Wiedergewinnung eines guten Spenders investieren können, der mehrmals höhere Beträge spendete, als in die Wiedergewinnung anderer Spender.

- Was machen Sie mit den Namen von ehemaligen Spendern? – Am besten, Sie behandeln sie wie kalte Adressen und senden ihnen nach einiger Zeit wieder Ihr entsprechendes Mailing.

Nach dem Versand: Zwischen Hoffnung und Verzweiflung

14

1. Tips zur Mailing-Kontrolle

Geübte Fundraiser haben gelernt, mit der Spannung zu leben, die jede Aussendung begleitet. Aber wir alle werden wohl immer vor jedem wichtigen, großen oder neuen Versand ein wenig Beklommenheit und Angst spüren.

Damit diese im vernünftigen Rahmen bleibt, noch ein paar Tips, um zumindest das termingerechte und einwandfreie Eintreffen der Mailings zu kontrollieren:

Checkliste: Termin- und Qualitätskontrolle
● Erkundigen Sie sich nach dem Datum, an dem Ihr Mailing bei den potentiellen Spendern eintreffen soll. Die Postvorschriften besagen, nach wievielen Tagen Briefe und Drucksachen verteilt sein müssen.
● Richten Sie als zusätzlichen Kontrollfaktor Ihr privates Meldesystem ein: Lassen Sie das Mailing an mehrere Adressaten schicken, die Sie umgehend telefonisch über den Ankunftstag informieren.
● Ein weiteres Mittel ist der Aushang im Büro. Hier tragen Mitarbeiter der Organisation ein, wann das Mailing an ihrer Privatadresse ankam.
● Lassen Sie sich die Mailings geben, und prüfen Sie sie sorgfältig auf Vollständigkeit, etwaige Druck- und Farbfehler, Beschädigungen usw.
● Wenn das eine oder andere Mailing nicht einwandfrei ist: sofort einen Beschwerdebrief verfassen. Manchmal ist ein fehlerhaftes Mailing, das in Ihren Besitz kommt, nur die Spitze des Eisbergs.

Obwohl Sie auf alle möglichen Nachversand-Eventualitäten und Pannen gefaßt sein sollten, hat es keinen Zweck, schwarzzusehen und schlaflose Nächte zu verbringen.

2. Unrealistische Erwartungen: Mit welchen Reaktionen ist zu rechnen?

In den ersten Tagen nach Ihrem Versand werden die Zahlungen nur tröpfeln, das Telefon aber vielleicht heißlaufen. Auch das ist kein Grund zur Panik. Die Menschen werden nicht zur Post oder Bank rennen, um für Sie zu spenden, aber sie greifen schnell zum Telefon.

Warten Sie nach dem Versanddatum zwei Wochen, ehe Sie einen Kommentar abgeben; beruhigen Sie und wiegeln Sie ab. Vergessen Sie nie: Das Endresultat zählt – und nicht irgendwelche zufällige Vorkommnisse und Reaktionen kurz nach dem Versand.

Hinweis:

Wenn Sie Ihre Mailings zwischen dem 10. und 20. des Monats abgeschickt haben, können Sie damit rechnen, daß

– Ende des laufenden Monats etwa $\frac{1}{3}$ der Spenden und
– am 15. des Folgemonats $\frac{2}{3}$ der Spenden eingegangen sind.
– Das letzte Drittel tröpfelt später herein.

Dies sind natürlich nur ungefähre Richtwerte.

Zu hohe Erwartungen

Wieder und wieder habe ich das Phänomen angetroffen, daß Organisationen extrem enttäuscht waren, wenn sie „normale" Rücklaufquoten – also zwischen 1 % und 5 % – auf kalte Mailings hatten.

Die meisten Organisationen sind davon überzeugt, daß ihr Ergebnis besser sein sollte und sie zu jener Ausnahme gehören, die höhere Rückläufe erwarten darf. Es ist ein herber Schlag für das Selbstwertgefühl, wenn man sieht, daß die eigene Arbeit, das spezifische Anliegen, nicht mehr als andere geschätzt wird. Die Verantwortlichen bekommen schnell Angst um das eingesetzte Geld. Dabei muß man sich heute freuen, wenn kalte Mailings ohne spezielle Spenden-Anreize kostendeckend sind.

Fluktuation

Fluktuationen in den Rückläufen sind bis zu einem gewissen Grad normal. Wenn allerdings plötzlich ein Rückgang der Spenden festzustellen ist, sollten Sie abklären, ob in der Übermittlung der Daten etwas nicht klappt.

Beschwerden

Beschwerden kommen sicher und fast alle in der ersten Woche, nachdem die Spender das Mailing erhalten haben. Ärgerliche Briefe scheinen schneller anzukommen als positive! Je klarer der Text Ihres Mailings, je extremer Ihre Aussage, desto mehr negative Reaktionen werden Sie erhalten. Ich habe mehrmals festgestellt, daß sehr viele negative Reaktionen das Zeichen für einen finanziellen Erfolg sind.

Man benötigt gute Nerven und einige Erfahrung, um in derartigen Situationen nicht in Panik zu geraten, Entschuldigungen zu verbreiten und eventuelle Mißerfolge im voraus erklären zu wollen. Warten Sie einfach ab!

In der Zwischenzeit sollten Sie alle Telefonate, Briefe und sonstigen Reaktionen sofort bearbeiten. Beantworten Sie auch die extremen Briefe, die Ihre Organisation beleidigen und Ihre Arbeit in den Schmutz ziehen! Derartige Schreiben kommen allerdings meistens anonym.

Oft verbergen sich hinter derartigen Ausbrüchen Menschen, die es im Leben nicht leicht haben oder hatten. Sie empfinden es als Zumutung, daß man sie, die ihre eigenen finanziellen oder emotionalen Schwierigkeiten haben, mit den Problemen anderer belästigt und um Hilfe bittet.

Fühlen Sie sich nicht persönlich beleidigt, sondern nehmen Sie diese Angriffe als das, was sie sind: Reaktionen von Menschen, die meinen, im Leben zu kurz gekommen zu sein. Können Sie sich vorstellen, wie es ist, wenn man kürzlich seine Arbeit verloren hat und jetzt noch Entwicklungsprojekte im Ausland oder arme Tiere unterstützen soll?

Kein Feedback, keine Reaktionen

Wenn praktisch keine Reaktionen auf ein Mailing erfolgen, werde ich unruhig. War das Mailing zu zahm? Habe ich versucht, es allen recht zu machen, und dabei den „Biß" verloren, der notwendig ist, um Erfolg zu haben?

Es ist meine feste Überzeugung, daß Mailings, die zu „nett" sind, finanziell nicht erfolgreich sein können, weil sie Ihre besonders überzeugten Anhänger kalt lassen. Diese erwarten klare Aussagen, damit sie sich identifizieren und dann auch spenden können. Andererseits verärgern klare Aussagen und extreme Positionen manch anderen Empfänger.

3. Rücksendungen – warum kommen manche Briefe zurück?

Wahrscheinlich erhalten Sie oder die von Ihnen mit dem Versand beauftragte Firma eine Vielzahl von Briefen zurück (Postretouren). Diese lassen sich in mehrere Kategorien unterteilen:

- „Annahme verweigert":
  Der Empfänger will nichts von Ihnen wissen und sendet Ihnen das Schreiben frankiert oder – schlimmer noch – unfrankiert zurück. Sie müssen dann die Kosten tragen. Rechnen Sie mit etwa 3 % bis 5 % derartiger Retouren! Es ist sinnvoll, diese zu zählen und über die Ergebnisse Buch zu führen.

- Falsche Adressen:
  Wenn es Ihre eigenen sind, sollten Sie Ihre Adreßliste bereinigen. Sind es kalte Adressen von gemieteten Listen, müssen Sie sie ebenfalls sammeln und dem Adreßbroker zurücksenden, damit dieser die Änderungen vornimmt. Ab einem bestimmten Prozentsatz (oder für jede eingesandte Adreßänderung) bekommen Sie vom Adreßbroker einen Rabatt.

- „Umgezogen", „Verstorben":
  Umschläge mit diesen postalischen Vermerken sind Problemfälle. Meistens trifft der Vermerk zu, aber es gibt viele Fundraiser, die diese Adressen auf ihrer Spender-Liste markieren, ruhen lassen und später wieder anschreiben – und siehe da: viele der Verstorbenen leben noch. Diese Vorgehensweise ist allerdings problematisch, da Sie unter Umständen mit diesem Vorgehen Familienangehörige verletzen.

Zurückgekommene Briefe auspacken?

Das hängt vom Inhalt des Mailings (Geschenke?) und von der Anzahl Ihrer Mitarbeiter oder Freiwilligen, die derartige Arbeiten übernehmen, ab. Es lohnt sich in den meisten Fällen nicht, normal bezahlte Mitarbeiter mit derartigen Aufgaben zu betrauen.

4. Die Auswertung: Welche Kriterien geben Auskunft?

Nach drei Monaten sollten etwa 98 % des zu erwartenden Betrages bei Ihnen eingetroffen sein. Das ist der Moment, in dem Sie Bilanz ziehen und die Ergebnisse analysieren sollten. Lassen Sie sich nicht dazu verleiten, länger zu warten, weil immer noch Zahlungen kommen. Es wird nicht mehr viel sein, am Ergebnis kaum etwas ändern.

Wichtig:
Ziehen Sie die Bilanz immer zum gleichen Zeitpunkt nach dem Versanddatum, damit Sie später aussagekräftige Vergleiche aufstellen können.

Wieviel Sie mit einem Versand einnehmen, hängt von mehreren Faktoren ab:

- Faktoren, die Sie beeinflussen können:
  Das Format des Umschlags, die Formulierung des Mailing-Textes, die Auswahl der angeschriebenen Adressen, das Versanddatum usw. sind Faktoren, die den Erfolg des Mailings bestimmen und die von Ihnen ausgewählt und festgelegt werden. Sie bestimmen, ob Ihr Mailing im objektiven Sinn gut gemacht ist oder nicht.

- Externe Faktoren:
  Diese Faktoren sind von Ihnen oder Ihrer Organisation nicht beeinflußbar und müssen hingenommen werden. Dazu zählt z. B. eine Naturkatastrophe, der die Medien viel Aufmerksamkeit schenken und für deren Opfer landesweit gesammelt wird. Auch Streiks, extreme Wetterbedingungen oder der gleichzeitige Großversand eines Konkurrenten gehören dazu.

Hauptziel der Mailings von Non-Profit-Organisationen ist die Beschaffung von finanziellen Mitteln. Ergänzend gibt es Nebenziele und – davon abhängig – Kriterien für die Erfolgsbeurteilung.

Mailing-Erfolg – Mailing-Mißerfolg

Fünf Werte geben Auskunft über Erfolg und Mißerfolg Ihres Mailings: die Durchschnitts-Spende, die Rücklauf- oder Responsequote und die Einnahmen pro versandtem Mailing sowie die Kosten pro gespendeter Mark bzw. pro neuem Spender.

Den durchschnittlichen Spenden-Betrag berechnen

Die Durchschnitts-Spende besagt, wieviel jeder Spender im Durchschnitt gespendet hat; sie ist einfach zu berechnen: Sie teilen die gesamten Einnahmen aus dem Versand durch die Anzahl der eingegangenen Spenden.

Beispiel:

Spenden-Einnahmen aus dem Versand	:	Anzahl der Spenden	=	Durchschnittlicher Spenden-Betrag
108 560,– DM/SFr.	:	5598	=	19,39 DM/SFr.

Wenn also 108 560,– DM/SFr. von 5598 Spendern gezahlt wurden, so beträgt Ihr durchschnittlicher Spenden-Betrag 19,39 DM/SFr.

Je höher die Durchschnitts-Spende, um so erfolgreicher war Ihr Mailing.

Hohe Spenden als Ausnahme werten

Wenn Sie mit dem durchschnittlichen Spenden-Betrag Berechnungen für künftige Einnahmen aufstellen möchten, müssen Sie berücksichtigen, daß Sie bei einem Mailing eventuell einige wenige, außergewöhnlich hohe Spenden erhalten haben. Damit können Sie beim nächsten Versand nicht wieder rechnen. Wenn Sie hohe Spenden in der Durchschnitts-Berechnung einbezogen haben, werden Sie beim nächsten Mailing eine Enttäuschung erleben.

Es ist daher wichtig, den Berechnungen für künftige Einnahmen eine realistische Durchschnitts-Spende zugrunde zu legen. Um diese zu erhalten, müssen „Ausnahmen", also ungewöhnlich hohe Spenden, aus der Berechnung herausgenommen werden.

Es liegt an Ihnen, ab welchem Betrag eine Spende als hoch oder überdurchschnittlich hoch eingestuft werden soll. Für manche Hilfswerke sind 50,– DM/SFr. schon eine hohe Spende, während für andere alles über 100,– DM/SFr. oder sogar 1000,– DM/SFr. als hoch gilt.

Beispiel:

Nachdem Sie Ihre Zahlungslisten durchgesehen haben, bestimmen Sie, daß Spenden ab 100,– DM/SFr. als hoch gelten. Diese Spenden müssen Sie extra aufführen. Erstellen Sie zwei Listen, eine mit allen Spenden ab 100,– DM/SFr. und eine ohne. Für jede Liste führen Sie die obige Berechnung durch.

Es gibt noch eine einfachere, schnellere, aber weniger exakte Art, eine realistische Durchschnitts-Spende zu berechnen: Ziehen Sie die drei höchsten Spenden von den Gesamteinnahmen ab und berechnen Sie die durchschnittliche Spende erneut:

Beispiel:

Berechnungsgrundlage	:	Anzahl der Spenden	=	realistischer durchschnittlicher Spenden-Betrag

Gesamtes Spenden-Aufkommen	DM/SFr.	108 560,–
– Höchste Spende	DM/SFr. –	10 000,–
– Zweithöchste Spende	DM/SFr. –	7 000,–
– Dritthöchste Spende	DM/SFr. –	5 000,–
= Neue Berechnungsgrundlage	DM/SFr.	86 560,–

Diese neu berechnete Zahl ist Ihre Grundlage für die Berechnung der realistischen Durchschnitts-Spende. Teilen Sie diese Zahl durch die Anzahl der eingegangenen Spenden.

DM/SFr. 86 560,–   :   5598   =   DM/SFr. 15,46

Ihre eigentliche Durchschnitts-Spende liegt also erheblich niedriger, bildet aber eine realistischere Basis für künftige Berechnungen.

Extrem niedrige Spenden brauchen Sie nicht zu beachten und abzuziehen, wenn Sie Ihre Durchschnitts-Zahlung berechnen; sie sind zu gering, um den Durchschnitt signifikant zu beeinflussen. Leider finden sich solche Klein-Spenden bei jedem Versand wieder und bilden eher die Regel als die Ausnahme.

Orientierungshilfe für Spender: die Spenden-Höhe vorgeben

Sie haben berechnet, daß Ihre Organisation eine durchschnittliche Zahlung von 19,39 DM/SFr. bzw. 15,46 DM/SFr. erhalten hat. Das sind Beträge, die Sie wohl so nicht in Ihren Listen finden. Die meisten Spender zahlen wahrscheinlich 20,– DM/SFr. oder einen von Ihnen gewünschten Betrag: Da es für einen Spender schwer ist zu wissen, was eine angemessene Spende für ein Projekt ist, wird er für Hinweise dankbar sein. Wenn Sie in Ihrem Mailing eine Spenden-Vorgabe für ein bestimmtes Projekt gemacht haben (z. B. ein Ferientag für ein herzkrankes Kind kostet 27,50 DM/SFr.), wird dies die häufigste Zahlung sein.

Die Vorgabe einer Spenden-Höhe ist eine der wichtigsten und schwierigsten Aufgaben im Direct Mail, und man benötigt viel Erfahrung und solide Kenntnisse der „Geschichte" Ihrer Spender, bevor man sich zu der Vorgabe einer Spenden-Höhe entschließen sollte.

Richtwerte für kalte Mailings und Hauslisten

Bei kalten Mailings, d. h. beim Einsatz von Haushaltslisten (wie sie im Telefonbuch erscheinen), beträgt der Richtwert für eine durchschnittliche Spende zur Zeit etwa 16,– DM/SFr.

Sie haben die Möglichkeit, durch die Vorgabe eines gewünschten Betrages diese Summe zu erhöhen. (Aber Vorsicht, zu hohe Beträge motivieren nicht, sondern verärgern.)

Da es Ihnen bei kalten Mailings darum geht, neue Spender zu gewinnen, ist es besser, niedrige Beträge vorzugeben und mehr neue Spender zu gewinnen. Sie haben später immer noch die Möglichkeit, ein Upgrading zu betreiben.

Bei Mailings an die Hausliste, also an die Menschen, die Ihnen bereits gespendet haben, sollte der durchschnittliche Spenden-Betrag höher liegen. Er variiert je nach Anliegen, Jahreszeit und vorgestelltem Projekt. Für verschiedene Organisationen lag er zwischen 17,– DM/SFr. und 43,– DM/SFr.

Berechnung verschiedener Rücklaufquoten

Eine Rücklauf- oder Response-Quote gibt den prozentualen Anteil der von Ihnen verschickten Briefe an, der zu einer Spende geführt hat. Man berechnet diese Quote, indem man die Anzahl der Spenden durch die Anzahl der versandten Briefe teilt.

Beispiel:

Anzahl der Spenden	:	Anzahl der versandten Briefe	=	Rücklaufquote (in %)
2211	:	100 000	=	2,2 %

Natürlich gilt: je höher die berechnete Rücklaufquote, um so erfolgreicher das Mailing.

Wieviel Prozent Rücklauf dürfen Sie erwarten?
Für einen Kunden arbeite ich schon seit fast 15 Jahren. Für ihn kann ich sehr genaue Rücklauf-Berechnungen machen. Für jeden neuen Kunden jedoch beginnt wieder die Ungewißheit, und erst nach zwei bis drei Jahren gibt es genügend Erfahrungswerte, um einigermaßen präzise Berechnungen im voraus zu erstellen.

Rücklaufquoten bei kalten Mailings sind niedrig und werden immer niedriger. Jeder, der etwas vom Fach versteht und keine unrealistischen Aussagen macht, wird Ihnen bestätigen, daß Sie heute zufrieden sein können, wenn Ihre Rücklaufquote zwischen 1 % und 4 % liegt. 2 % Rücklauf sind für kalte, unqualifizierte Listen (also Haushaltsadressen) gar nicht so schlecht. Alles, was darüber liegt, ist anerkennenswert als Erfolg zu werten. Nur ganz selten wird die magische Grenze von 4 % Rücklauf überschritten.

Vor jedem Versand ist es nützlich, eine Tabelle mit pessimistischen und optimistischen Rücklauf-Berechnungen zu erstellen. Zusammen mit der Kostenberechnung kann aus dieser Tabelle der „break-even"-

Punkt ersehen werden, also der Punkt, an dem man mit dem Mailing in die Gewinnzone eintritt.

Beispiel:

Wenn Sie ein kaltes Mailing mit einer Auflage von 50 000 Stück planen, so sieht eine derartige Rechnung wie folgt aus (bei einem angenommenen Stückpreis von 1,– DM./SFr. einschl. Porto):

Übersicht: Berechnung verschiedener Rücklaufquoten					
Rücklaufquote	1,5 %	2 %	2,5 %	3 %	4 %
Anzahl der Spenden	750	1000	1250	1500	2000
Durchschnittlicher Spenden-Betrag in DM/SFr.	18,–	18,–	18,–	18,–	18,–
Einnahmen	13 500,–	18 000,–	22 500,–	27 000,–	36 000,–
Ausgaben	50 000,–	50 000,–	50 000,–	50 000,–	50 000,–
Resultat	–36 500,–	–32 000,–	–27 500,–	–23 000,–	–16 000,–

Die obige Berechnung ist bewußt eher pessimistisch. Es sollte Ihnen möglich sein, mit verschiedenen technischen Hilfsmitteln den Betrag der durchschnittlichen Spende zu erhöhen. Wenn Sie die gleiche Berechnung mit einer durchschnittlichen Spende von 22,– DM/SFr. machen, sehen die Ergebnisse schon viel positiver aus.

Ausblick auf das Spendenjahr

Bisher haben wir die Auswertung des ersten kalten Mailings durchgeführt. Wichtig für die Beurteilung Ihrer zukünftigen Erfolge sind jedoch die Ergebnisse des gesamten Jahres. Es muß Ihnen gelingen, die neu gewonnenen Spender Ihrer eigenen Datei zu regelmäßigen, höheren Spenden im Laufe des Jahres zu bewegen – dann erst haben Sie Erfolg, d. h. positive Ergebnisse.

Wenn ich die Zahlen des vorhergehenden Beispiels wieder aufnehme und damit eine Prognose für die Versand-Aktionen des nächsten Jahres anstelle, komme ich zu folgendem Ergebnis:

Übersicht: Versand-Aktionen im folgenden Jahr				
	Auflage	Durchschnittlicher Spenden-Betrag (in DM/SFr.)	Rücklauf-quote	Einnahmen (in DM/SFr.)
1. Versand	2000	30,–	25 %	15 000,–
2. Versand	1900	35,–	28 %	18 620,–
3. Versand	1750	38,–	30 %	19 950,–

Wichtig:

Die Auflage, also die Zahl der versandten Briefe, nimmt aus einer Vielzahl von Gründen ab: Spender wollen von Ihrer Liste gestrichen werden, ziehen um, sterben usw. Dagegen steigen der durchschnittliche Spenden-Betrag und der Rücklauf.

In der obigen Tabelle sehen Sie, daß Sie bereits im ersten Jahr – bei drei zusätzlichen Versand-Aktionen – die Verluste kompensieren können, die bei der Gewinnung neuer Spender mit einem kalten Mailing entstanden sind.

An Ihnen ist es zu entscheiden, ob Sie ein viertes Mailing an alle oder an einen Teil Ihrer Adressen machen wollen, oder ob Sie Ihre besten Spender um einen Sonderbeitrag bitten.

Erst mit einer intelligenten „Bewirtschaftung" Ihrer Adressen erreichen Sie ein Maximum an finanziellen Mitteln.

Nach dem Einsatz spezialisierter Listen sollte die Rücklaufquote höher als bei kalten Mailings an unqualifizierte Adressen liegen. Damit Sie dies erreichen, ist jedoch eine sorgfältige Auswahl der Listen notwendig. Sie müssen etwas über Ihr „Spender-Profil" wissen (siehe S. 35 f.).

Bei einer gut geführten Datenbank können Sie erwarten, daß mindestens 60 % der Spender im Lauf des Jahres auf das eine oder andere Ihrer Mailings reagieren.

Hoher Rücklauf oder hohe Spende?

Die Antwort auf diese Frage hängt von dem Ziel und der derzeitigen Situation Ihrer Organisation ab.

Verallgemeinernd läßt sich sagen, daß bei einem Mailing an kalte Adressen zur Gewinnung neuer Spender viele neue Spender wichtiger sind als ein hoher Spenden-Betrag. Es ist nämlich leichter, einen interessierten Niedrig-Spender davon zu überzeugen, öfter und größere Beträge zu spenden, als neue Spender zu finden.

Daher gibt Ihnen eine hohe Rücklaufquote die Möglichkeit, Neu-Spender zu treuen Spendern zu machen. Langfristig fahren Sie so im allgemeinen besser, als wenn Sie von Anfang an höhere Spenden-Beträge erzielen wollen.

Einnahmen pro versandtem Brief

Die Berechnung der Einnahmen pro versandtem Brief wird sowohl für Mailings aus der Stammdatei als auch für kalte Mailings aufgestellt. Für eine erste Berechnung ist hauptsächlich der Brutto-Ertrag (d. h. die Berechnung der Einnahmen aus dem Mailing) von Interesse. Diese Berechnung ist sinnvoll, wenn Sie Tests auswerten und verschiedene Mailings miteinander vergleichen wollen.

Einnahmen-Berechnung:
Die Einnahmen pro versandtem Brief ergeben sich aus der Division der Einnahmen aus einem Mailing durch die Anzahl der versandten Briefe.

Beispiel für den Versand an kalte Adressen:
Bei einem Mailing an 10 000 kalte Adressen betrugen die Spenden-Einnahmen insgesamt 9720,– DM/SFr.

Spenden-Einnahmen aus dem Versand	:	Anzahl der versandten Briefe	=	Einnahmen pro versandtem Brief
9720,– DM/SFr.	:	10 000	=	0,97 DM/SFr.

Auch hier gilt: Je größer die Einnahmen pro versandtem Brief, desto erfolgreicher ist Ihr Mailing.

Der Betrag bei einem Mailing an die eigenen Adressen liegt deutlich höher!

Beispiel:

Beim einem Mailing an ebenfalls 10 000 Adressen, diesmal aber an bestehende Spender, wurden insgesamt 47 500,– DM/SFr. Spenden-Einnahmen erzielt.

Spenden-Einnahmen aus dem Versand	:	Anzahl der versandten Briefe	=	Einnahmen pro versandtem Brief
47 500,– DM/SFr.	:	10 000	=	4,75 DM/SFr.

Der Versand an die 10 000 bereits existierenden und wohlgesonnenen Spender war deutlich erfolgreicher.

Hinweis:

Verluste bei kalten Mailings sind heute an der Tagesordnung. Der Erstversand oder weitere kalte Versand-Aktionen sind eine Investition in die Zukunft mit dem Ziel, die Stammdatei zu schaffen oder zu erweitern. Der wirkliche Erfolg kann erst nach mehreren Jahren beurteilt werden.

5. Die Mailing-Kosten

Es ist klar, daß bei der Mittelbeschaffung Einnahmen und Ausgaben in einem vernünftigen Verhältnis zueinander stehen müssen. Langfristig werden Sie nur eine Chance auf dem „Spenden-Markt" haben, wenn Ihre Spender sicher sein können, daß ein substantieller Teil des gespendeten Geldes für die eigentliche Arbeit und nicht für die Gewinnung von Spenden ausgegeben wird.

Bei der Erfolgsbeurteilung eines Mailings muß daher immer der gesammelte Netto-Betrag berücksichtigt werden, nicht die Brutto-

Einnahmen. „Das ist doch klar", sagen Sie? Dann fragen Sie einmal bei anderen Fundraisern nach. Viele verkünden Ihnen stolz die Brutto-Beträge, bei den Kosten werden sie erstaunlich vage.

Kosten niedrig zu halten, ist eine der schwierigsten Aufgaben des Fundraisers. Einer der Gründe dafür ist, daß sich die Technik schnell weiterentwickelt. Was gestern stimmte, kann sich heute schon geändert haben. Eine neue Maschine kommt auf den Markt, und Ihre Kostenstruktur sieht ganz anders aus. Zum Beispiel ist der Laserdruck inzwischen so kostengünstig geworden, daß sich der Druck mit diesem Verfahren – im Gegensatz zu früher – auch für kalte Mailings lohnt. Vor fünf Jahren hätte ich Ihnen noch das Gegenteil gesagt.

Die Postgebühren können ein weiterer Grund für sich relativ schnell verändernde Kosten pro gesammelter Spende sein. Wenn die Post das Porto erhöht, verändern sich Ihre Versandkosten, und Sie müssen Ihre Berechnungen überarbeiten.

Sie müssen laufend über die Neuigkeiten in verschiedenen Bereichen informiert sein und wissen, wie sich Ihre Informationen für Ihre Zwecke kostensparend einsetzen lassen.

Kosten pro gespendeter Mark/pro gespendetem Franken

Die Kosten pro gespendeter Mark/pro gespendetem Franken geben Ihnen einen Vergleichswert für das Verhältnis Ihrer Kosten zu Ihren Einnahmen. Sie lassen sich sehr einfach berechnen: Sie teilen die Kosten, die Ihnen für ein Mailing entstanden sind, durch die gesamten Spenden-Einnahmen aus diesem Mailing.

Kostenberechnung:

Gesamte Kosten des Mailings (DM/SFr.)	:	Gesamte Spenden-Einnahmen des Mailings (DM/SFr.)	=	Kosten pro gespendeter Mark/ pro gespendetem Franken (DM/SFr.)

Natürlich gilt hier: Je niedriger die Kosten, desto höher das Netto-Ergebnis, desto größer der finanzielle Erfolg Ihres Mailings.

Aber:

Es lohnt sich nicht, Kosten um jeden Preis zu senken. Ein hoher Rücklauf und damit viele Neu-Spender oder hohe Spenden-Einnahmen sind wichtiger, als Kosten zu senken. Tests helfen Ihnen, einen goldenen Mittelweg zwischen Ausgaben und Einnahmen zu erzielen.

Kosten pro neuem Spender

Der Gedanke, daß ein neuer Spender Geld kostet – daß also die ersten Mailings Geld kosten, statt Geld einzubringen –, schockiert noch viele Hilfswerke, besonders aber Spender und Journalisten. Leider ist es eine traurige Tatsache, daß es immer schwieriger wird, neue Spender zu gewinnen. Darum ist es besser, von Anfang an die Chancen eines Mailings an kalte Adressen realistisch zu beurteilen.

Die Kosten pro neuem Spender sagen Ihnen, wieviel Ihre Organisation für die Gewinnung eines neuen Spenders bezahlt. Sie sind ebenfalls leicht zu berechnen, indem Sie die für ein kaltes Mailing angefallenen Gesamtkosten durch die Anzahl der neu gewonnenen Spender teilen.

Kosten pro neuem Spender:

Gesamte Kosten des Mailings (DM/SFr.)	:	Anzahl der neu gewonnenen Spender	=	Kosten pro neuem Spender (DM/SFr.)

Hier gilt wieder, daß ein niedriges Ergebnis ein gutes ist. Allerdings werden sich hier häufig negative Summen zeigen, denn: bei kalten Mailings sind nicht nur die Entwicklungs- und Produktionskosten in den Gesamtkosten enthalten, sondern auch die Kosten für die Adreßbeschaffung.

Hinweis:

Bei der Gewinnung neuer Spender sollten nicht die Kosten im Vordergrund der Erfolgsbeurteilung stehen. Die Anzahl und die Qualität der neuen Spender sind hier wichtiger.

6. Wieviel darf ein neuer Spender kosten?

Die Berechung der Kosten eines Spenders oder der Langzeitwert einer Spender-Adresse ist für die langfristige Planung wichtig. Sie hilft Ihnen, anfängliche Verluste mit Fassung zu tragen und das langfristige Ziel nicht aus den Augen zu verlieren; sie ist verhältnismäßig komplex, weil die Erfassung aller Kosten nicht immer leicht ist. Die Berechnung ist daher nur ein Richtwert.

Die Kosten für einen neuen Spender berechnen

So gehen Sie vor (Beispiel):

1. Markieren Sie 1000 neue Spender Ihres nächsten Akquisitions-Mailings.

2. Zählen Sie die Einnahmen dieser 1000 Neu-Spender zusammen.

3. Teilen Sie diesen Wert durch 1000, um die Durchschnitts-Spende zu erhalten. (Außergewöhnlich hohe Spenden sollten nicht berücksichtigt werden.)

4. Das Ergebnis ist Ihr Basiswert.

5. Berechnen Sie diesen Wert jeden Monat, und tragen Sie ihn in einer Grafik ein, deren horizontale Achse den Zeitrahmen und deren vertikale Achse die kumulierten (aufaddierten) Zahlungen abbildet.

6. Nach einem Jahr der Beobachtung dieser 1000 Spender können Sie eine Prognose für zukünftige Einnahmen treffen.

Prognose des Langzeitwertes eines Spenders

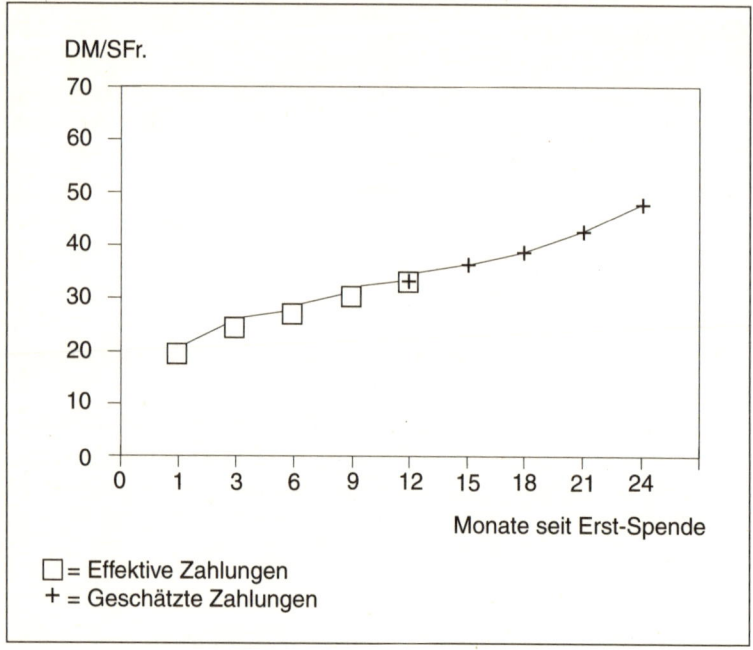

Nachstehend noch einige Punkte, die Sie bei der Interpretation dieser Grafik berücksichtigen sollten:

Wenn der Langzeitwert des Spenders niedrig ist, können Sie folgende Maßnahmen treffen:

● Zusätzliche Versand-Aktionen: Oft ist ein zusätzlicher Versand an ausgewählte Spender-Kategorien eine zusätzliche Einnahmequelle.

● Gelingt es, einige Spender zu regelmäßigen, monatlichen Spenden zu animieren, so erhöht sich der Gruppenwert beträchtlich.

● Bei vielen Organisation ist die Erst-Spende ein guter Hinweis darauf, was der Spender langfristig „wert" ist: je höher die erste Spende, desto größer der Langzeitwert.

Wenn Sie diese Erkenntnis für die Planung einsetzen, kommen Sie vielleicht zum Schluß, daß gewisse Adreßlisten Spender mit höheren Erst-Spenden erzielen. Daher kann man auch mehr ausgeben, um diese Listen einzusetzen.

Beispiel:

Eine Organisation hat eine durchschnittliche Erst-Spende von 22,– DM/SFr. Der Langzeitwert eines Spenders beträgt 138,– DM/SFr. Eine genaue Analyse der verschiedenen Spender-Gruppen ergab, daß Spender, die eine Erst-Spende von mehr als 40,– DM/SFr. leisteten, einen Langzeitwert von 330,– DM/SFr. erzielten.

Die Schlußfolgerung war einfach: Die Organisation investierte mehr in die Akquisition dieser Hochbetrags-Spender und erzielte mit dieser Strategie langfristig höhere Einnahmen.

Hinweis:

Der Zeitpunkt der Erst-Spende kann wichtig sein. Bei einer Organisation stellten wir fest, daß Neu-Spender aus dem Frühjahr – über das Jahr gerechnet – mehr Ertrag brachten als Spender, die mit dem Weihnachts-Mailing geworben wurden. Obwohl das Frühlings-Mailing anfänglich weniger erfolgreich war, brachte es langfristig doch höhere Erträge.

Wir haben uns die Erklärung selbst zurechtgelegt: Weihnachten ist die traditionelle Zeit des Spendens. Hier erworbene neue Spender geben oft das ganze Jahr nichts mehr. Spender jedoch, die zu einem anderen Zeitpunkt geworben werden, sind „überzeugter" von Ihrem Anliegen und spenden erneut.

Checkliste: Aufwandberechnung je Neu-Spender	
1.	Berechnen Sie das langfristige Ausgaben-Einnahmen-Verhältnis für eine Gruppe von Spendern. Ein Richtwert gibt beispielsweise an, daß diese Kosten bei etwa 25 % liegen.
2.	Multiplizieren Sie diesen Wert mit dem Langzeitwert Ihres Spenders. Wenn z. B. der Langzeitwert 100,– DM/SFr. und das Ausgaben-Einnahmen-Verhältnis 25 % beträgt, so liegt der errechnete Wert bei 0,25 x 100,– DM/SFr. = 25,– DM/SFr. Dies ist Ihr erster Wert.

Checkliste: Aufwandberechnung je Neu-Spender	
3.	Stellen Sie jetzt fest, wieviel es kostet, diesen Spender während seiner „Lebensdauer" mit Spenden-Appellen zu bedienen (z. B. 8 Mailings pro Jahr zu je 2,– DM/SFr. = 16,– DM/SFr.).
4.	Ziehen Sie die unter 3. erzielte Summe von den 25,– DM/SFr. ab und Sie haben die Summe, die Sie ausgeben dürfen, um einen Neu-Spender zu werben. In diesem Fall 9,– DM/SFr.

Dieses Zahlenbeispiel soll Ihnen helfen, Risiken und Kosten von Aktionen per Direct Mail abzuschätzen. Es sind keine unbedingten Werte.

Der Langzeitwert Ihres Spenders ist von nicht zu unterschätzender Bedeutung für Ihre Organisation; er ist jedoch immer nur eine Momentaufnahme – Sie können viel unternehmen, um ihn zu verbessern!

Ethik: Mittelbeschaffung nach ethischen Grundsätzen

(von Dr. Bruno Fäh)

15

1. Moralische Grundwerte schaffen Vertrauen

Ethische Grundsätze sind keine Regeln und Gesetze, die vom Staat errichtet wurden. Sie sind vielmehr vom einzelnen Fundraiser, von der einzelnen Fundraiserin oder von der Institution erlassene Handlungsgrundsätze, deren Beachtung dem Hilfswerk empfehlenswert erscheint.

Was passiert, wenn ethische Grundsätze in einer Institution nicht beachtet werden? Es leidet das Vertrauen der Spender und des Marktes, und durch den Vertrauensschwund kann das ganze Hilfswerk Einbußen erleiden. Dies gilt sowohl spendenmäßig wie auch in bezug auf das Image. Da das Vertrauen im Mittelpunkt der Gedanken um Ethik im Hilfswerk steht, werden wir uns im folgenden mit den vertrauensbildenden Faktoren befassen.

Ethik stellt Handlungsgrundsätze dar, die sich nach moralischen Grundwerten ausrichten. Gradmesser ist dabei das menschliche Gewissen, dem wir innere Wertvorstellungen verdanken. Nicht nur Hilfswerke, sondern auch Verbände, die Kirche, der Staat, Vereine und selbst die Familie stellen ihre eigenen Normen auf.

Warum soll eine Sozialinstitution ethische Grundsätze aufstellen?

Das Hauptkriterium ist wohl, daß der Spender, vor allem der bedeutende Spender, gerne mit Werken zusammenarbeitet, die nach bestimmten Grundsätzen handeln, die ihm verständlich sind. Ganz allgemein will das Publikum heute, daß alle Wohltätigkeitsinstitutionen ethisches Verhalten offen demonstrieren. Entsprechen Hilfswerke den hohen Erwartungen der Spender nicht, so ist das Vertrauen gefährdet. Das bedeutet, daß in einem solchen Fall sogar die Aufgabenerfüllung der Institution gefährdet sein kann.

Das hauptsächliche Unterscheidungsmerkmal von Non-Profit- und Profit-Organisationen liegt eben darin, daß Profit-Organisationen nach Profit trachten, Non-Profit-Organisationen jedoch primär ideelle Ziele verfolgen. Die Spender, das Publikum und die Umwelt erwarten daher von einem Hilfswerk mehr als von einer Profit-Organisation.

Von amerikanischen Fachleuten wissen wir, daß ethische Grundsätze nicht einfach aus konkreten Verhaltensmaßregeln bestehen sollten; sie werden vielmehr in breite Rahmenüberlegungen gefaßt. So kann im Einzelfall jeweils die beste Entscheidung getroffen werden.

Ethische Normen können nicht ein für allemal und für alle Ewigkeit aufgestellt werden. Vielmehr geht es – und das ist für Fundraising-Institutionen wichtig – um einen Prozeß. Jede Organisation muß die Regeln herausfinden, die ihr besonders entsprechen.

Kann man sagen, daß sich eingehaltene Ethik rentiert?

Wir haben bereits festgestellt: Ethik bewirkt auf alle Fälle Vertrauenswürdigkeit. Diese Vertrauenswürdigkeit ist etwas ganz Fundamentales, Grundlegendes im Leben eines Hilfswerkes. Das Vertrauen gestattet lebendige Beziehungen innerhalb und außerhalb der Non-Profit-Organisation.

Wir wollen Vertrauen schaffen, Vertrauen fördern. Vertrauen heißt, daß ich annehmen kann, vom Nächsten nicht getäuscht zu werden. Vertrauen schließt das Schlausein, das Ausnützen einer bestimmten Situation aus. Vertrauen gehört zu den Grundwerten des menschlichen Lebens, es ist die Basis unserer Erziehung. Ohne ein Minimum an Vertrauen können wir Menschen gar nicht zusammenleben.

Es geht folglich darum, jene Elemente herauszuschälen, die Vertrauen schaffen, Vertrauen fördern, Vertrauen unterstützen; sie sind gleichsam konstituierende Faktoren des Vertrauens. Dazu gehört die Integrität, die Offenheit, das Zu-seiner-Verantwortung-Stehen, die Dienstleistungen von hoher Qualität und die Caritas.

Elemente die Vertrauen schaffen

Es ist nun nicht so, daß immer alle Elemente der Vertrauensbildung vorhanden sein müssen. Vielmehr ist die Ansicht richtig, daß einzelne Grundprinzipien unter gewissen Umständen, in gewissen Institutionen, in gewissen Kulturen voll zum Tragen kommen. Es ist auch denkbar, daß eine Organisation besonderen Wert auf ein Basiselement legt und dieses zu seiner vollen Blüte bringt.

- *Integrität als vertrauensbildendes Element*
  Wir sind dann integer, wenn unser Denken mit unserem Handeln übereinstimmt. Wir sagen das, was wir denken. Wir handeln so, wie wir es uns ausgedacht haben. Wir sind ferner integer, wenn unsere interne Ordnung und das, was intern geschieht, mit dem übereinstimmt, was nach außen bekanntgegeben wird. Wir sind auch

integer, wenn wir in unseren Prospekten und Verlautbarungen Dinge so darstellen, wie sie in der Realität sind.

Wir sind dann nicht integer, wenn wir nicht die Wahrheit sagen. Wir sind auch dann nicht integer, wenn wir Dinge beschönigen. Die Notwendigkeit, integer zu sein, hat etwas zu tun mit einem klaren Ruf nach Wahrheit, nach nicht gespalteter Persönlichkeit. Die Außenwelt wird merken, ob eine Institution integer ist.

Integer zu sein als ethischer Grundsatz heißt, ein erhöhtes Maß an Wahrheit zu realisieren. Es geht hier nicht nur darum, daß Unwahrheiten vermieden werden. Auch Haltungen und Äußerungen, die zu falschen Schlüssen führen, sollten nicht akzeptiert werden. Zur Integrität zählt das Stehen zur Wahrheit. Die Institution, die Fundraiserin, der Fundraiser sagen die Wahrheit und nichts als die Wahrheit. Ob sie immer auch die volle Wahrheit sagen, ist eine politische Frage. Bei Einhalten der Integrität wird der Fundraiser ein Partner, auf den man sich verlassen kann.

- *Offenheit als eine der Grundbedingungen für das Vertrauen*

Es ist eigentlich nicht verständlich, daß Organisationen, die in der Öffentlichkeit stehen und für diese auch etwas tun, dies nicht auch sagen sollten. Offenheit heißt nicht Verstecken von Dingen, die im Kreis der Institution geschehen und die möglicherweise Spender und Umwelt betreffen. Es ist nicht zu verstehen, warum Leiter von Hilfswerken nicht einsehen, daß offenes und ehrliches Bekanntgeben von Plänen, Rationalisierungsvorhaben und auch von Schwierigkeiten unschätzbare Vorteile bietet. Jede Organisation muß sich darüber im klaren sein, daß ein hohes Maß an Offenheit gegenüber der Umwelt, gegenüber den Mitgliedern, gegenüber den eigenen Mitarbeitern und Spendern heute einer einfachen Notwendigkeit entspricht.

Offensein heißt, einen Dialog zu ermöglichen. Offensein ist daher von besonderer Bedeutung für Hilfswerke, die sammeln.

- *Zu seiner Verantwortung stehen – die dritte Säule des Vertrauens*

Zu seinem Wort, zu seiner Verantwortung stehen bedeutet, Partner für einen echten Dialog zu sein. Hilfswerke, die nicht zu ihrer Verantwortung gegenüber den Betroffenen, gegenüber den Spendern, gegenüber der eigenen Institution und gegenüber dem allgemeinen Publikum stehen, sind in Gefahr, nicht ernst genommen zu werden.

● *Die Qualität der Hilfeleistungen als konstituierendes Vertrauenselement*

Hilfswerke leisten Dienste. Sie sollten sich, wenn sie ethisch handeln wollen, nach einer hohen Qualität in der Dienstleistung ausrichten. Im Rahmen der Profit-Organisationen wird gegenwärtig das Qualitätsmanagement großgeschrieben. Sammelwerke hätten allen Grund, ebenfalls bedeutende Investitionen auf diesem Gebiet zu unternehmen, um so das Vertrauen des Publikums und ihrer Spender sowie auch der Betroffenen erhöhen zu können.

● *Die Caritas als Kranz der Säulen des Vertrauens*

Caritas ist hier nicht im Sinne der allgemeinen menschlichen Liebe gemeint, sondern vielmehr als überzeugter Wille, für andere etwas zu tun. Um Vertrauen zu schaffen, Vertrauen zu fördern, müssen Dienstleistungen mit Umsicht, mit Verantwortungsgefühl, mit Liebe erbracht werden. Unternehmen, die nach Gewinn streben, werden durch den Gewinn oder weitgehend durch den Gewinn motiviert. Es ergibt sich für Organisationen ohne Gewinnstreben wie Wohltätigkeitsorganisationen eine wichtige Lücke: Non-Profit-Organisationen erfüllen einen Dienst, sie erfüllen diesen Dienst mit besonderer Sorgfalt und besonderem Verantwortungsgefühl und mit Liebe. Diese Art des Diensterfüllens ist ihr eigentlicher Zweck und ihre Motivation.

Bei ethischen Grundsätzen herrscht oft eine große Diskrepanz zwischen dem gewollten und dem tatsächlichen Handeln. Es liegt in der Sache, daß hier eine besondere Gefahr besteht, die Gefahr nämlich, daß ethische Grundsätze ausgesprochen und genannt werden, daß aber niemand danach handelt.

Wichtig:
Man muß also streng darauf achten, was man als Grundsatz definieren will, und dann auch wirklich danach leben und arbeiten.

2. Gedanken zur Ausarbeitung ethischer Grundsätze

Aufgrund besonderer Umstände und Gegebenheiten einer Organisation erweisen sich gewisse ethische Grundprinzipien als notwendig:

- Dazu gehört die absolute Offenheit gegenüber Spendern in bezug auf die Abzugsfähigkeit von Steuern bei Spenden.

- Es sollte versucht werden, Interessenkonflikte zu vermeiden, z. B.: Wer kann welche Lieferanten zum Zuge kommen lassen? Wie will man regeln, daß Gegenstände aus Vermächtnissen wirklich zum fairen Preis weitergegeben werden? Welchen Handlungsbedarf hat man, die Abgabe und die Verwendung von eigenen und fremden Adressen zu regeln?

- Ein wichtiges Gebiet ist auch, wie Gelder, die für einen bestimmten Zweck gegeben worden sind, wirklich für diesen Zweck verwendet werden können. Darf man Geld, das für ein bestimmtes Projekt nicht mehr benötigt wird, für ein anderes Programm einsetzen?

- Ein wichtiges Gebiet, das besonders in den Vereinigten Staaten durch Grundsätze geregelt ist, ist das Verhältnis zu großen Spendern: Ist es tolerierbar, wenn die Freundschaft zu einem großen Spender für bedeutende Spenden ausgenützt wird? Wie kann man vermeiden, daß Spender und zukünftige Donors, die verwundbar sind wegen ihres Alters, ihres Handicaps, wegen ihrer Infirmität, ihrer Krankheit oder aus emotionalen Gründen, für Spenden an die eigene Organisation ausgenutzt werden?

Für die Ausarbeitung von ethischen Grundsätzen für das Direct Mail-Fundraising ist es nicht unbedingt notwendig, Experten beizuziehen.

Setzen Sie sich mit Ihren Mitarbeitern zusammen, stellen Sie einige für Sie und Ihre Organisation wichtige Grundsätze auf. Machen Sie diese intern bekannt, und achten Sie bei jedem Mailing darauf, ob Sie gegen diese Regeln verstoßen haben.

Lassen Sie nach einem Jahr durch eigene Mitarbeiter oder durch jemanden von außen einen Check-Up machen, ob die aufgestellten Grundsätze eingehalten wurden oder nicht.

Die Zukunft des Direct Mail-Fundraising: Was erwartet uns?

16

1. Ausgangssituation

Seit Jahren sagt man das Ende des Direct Mail-Fundraising voraus. Und in der Tat – nach den goldenen 80er Jahren, in denen fast jeder, der Spenden-Aufforderungen verschickte, mit guten Einnahmen rechnen durfte – ist die Arbeit in den 90er Jahren härter geworden. Die Ergebnisse fallen schlechter aus.

Aber noch immer gilt: Es gibt keine Methode im Fundraising, die für ausgegebenes Geld so viel Ertrag bringt wie das Direct Mail (vorausgesetzt natürlich, das Mailing ist gut gemacht). Folglich werden Non-Profit-Organisationen weiterhin und verstärkt Fundraising per direkter, schriftlicher Ansprache betreiben. Als Folge wird es eine Flut von schriftlichen Spenden-Aufrufen geben.

Was wird das 21. Jahrhundert Neues bringen, was wird sich verändern für eine Non-Profit-Organisation, für den potentiellen Spender, für die Zulieferer dieser Branche (Agenturen, Berater etc.) und für uns, die Fundraiser? Hier ein mögliches Szenario:

Informations- und Kommunikationstechnologie:

Der Faktor, der unsere Arbeit am stärksten beeinflussen wird, ist die Technik. Es kündigen sich enorme Veränderungen im Bereich der Informations- und Kommunikationstechnologie an. Die bereits angelaufene Vernetzung und zukünftige, neue Kommunikationswege eröffnen uns neue Möglichkeiten. Von den bereits heute existierenden Möglichkeiten, die Telefonnummer eines Anrufers direkt vom Display des Telefons abzulesen, und der Vernetzung mit externen Zulieferern oder dem Direct Banking bis hin zum kompletten Ausbau dieser Systeme und ganz neuen Entwicklungen: Unsere Aufgabe ist es, diese Techniken zu nutzen und für unsere Aufgabe, die Spenden-Gewinnung, einzusetzen.

Drucktechnik:

Der zweite Bereich, der sich laufend verändert und unsere Arbeit verändern wird, ist der Druckbereich. Immer schnellere, immer leistungsfähigere Druckmaschinen werden entwickelt und stehen uns zu immer günstigeren Preisen zur Verfügung. Zusätzlich werden die traditionellen Druckmaschinen mit neuen Personalisierungstechniken ausgerüstet: Früher druckte eine Druckmaschine den eigentlichen Briefbogen des Mailings. Dieser Bogen lief dann durch einen Laser oder InkJet, der die Personalisierung (die Adresse oder die Adresse plus die ganze vordere Briefseite) eindruckte. Jetzt aber macht eine Maschine alles in einem

Durchgang. In der Folge sind die Preise für Mailings zum Teil dramatisch gesunken und sind jetzt auch schneller hergestellt.

2. Perspektiven: Fundraising für die Non-Profit-Organisation

Wie werden sich die Reizüberflutung des potentiellen Spenders und der Fortschritt der Technik auf unsere Arbeit auswirken?

- Wir werden in Zukunft nicht mehr in „Spender-Segmenten" denken, sondern an Individuen. Durch Fragebögen und Telefonumfragen, besonders aber durch Fokus-Gruppen bzw. Gruppenbefragungen werden wir mehr über sie persönlich und über ihre Bindung an unsere Organisation wissen.

  Dank der fortschreitenden Technik und der multimedialen Vernetzung wird ein Anrufer online mit dem Rechner der Organisation verbunden sein. Adreßänderungen können genauso wie besondere Wünsche und Anliegen eines Anrufers sofort eingegeben werden. Technisch gesehen werden wir die „power" in unserem System haben, diese und weitere Informationen zu speichern und jederzeit abzufragen. Zukünftig werden wir so nicht nur direkt wissen, ob es sich um einen Hoch- oder Niedrig-Spender handelt, sondern auch, warum er uns unterstützt und was seine speziellen Interessen sind.

- In Zukunft werden Non-Profit-Organisationen davon absehen, die Gesamtheit ihrer Spender mit mehr und mehr Spenden-Aufrufen zu erschlagen. Wir werden die Informationen, die uns unsere Spender geben, filtern und auf die Bedürfnisse und Anforderungen jedes einzelnen gezielt eingehen. Wir müssen ihn nicht mit unzähligen Mailings belasten, sondern er erhält nach Wunsch soviele oder sowenige Neuigkeiten, wie er will.

  Dementsprechend werden wir auch in der Lage sein, eine gezielte Unterstützung von unseren Spendern zu erbitten. Wir werden wissen, um wieviel Geld wir für welche Projekte bitten können.

  Wir werden unsere Spenden-Aufrufe so oft oder so selten versenden, wie es nötig und sinnvoll ist. Dadurch können wir erhebliche Kosten sparen. Diese individualisierte Ansprache wird insbesondere im Bereich der Hoch-Spender eingesetzt.

  Ein Beispiel für eine in Zukunft denkbare gezielte Ansprache ist die Gentechnologie. In der Krebsforschung ist sie ein umstrittenes und heiß diskutiertes Thema. Für viele Menschen ist sie eine Hoffnung, von der man sich neue Heilerfolge verspricht, für andere ein rotes Tuch.

Zukünftig wird es im Fundraising möglich sein, Spender, die Befürworter der Gentechnologie sind, gezielt anzusprechen und ihnen die Möglichkeit zu bieten, speziell für derartige Projekte zu spenden. Gegner der Gentechnologie oder Befürworter von Naturheilverfahren können wir bitten, Projekte zu unterstützen, die die Heilkraft der Pflanzen für die Krebsbekämpfung einsetzen. Zu beiden Forschungsrichtungen gibt es unendlich viele Aktivitäten und Forschungsansätze, die unterstützenswert sind.

- Spenden-Aufrufe werden nicht mehr auf den schriftlichen Weg begrenzt sein. Zusätzlich zu Direct Mail werden Videos, Kassetten, Fax, e-Mail und ganz neue Kommunikationswege genutzt. Die multimediale Ansprache tritt in den Vordergrund.

Ich kann mir folgende Nutzungsmöglichkeiten vorstellen:

- – Für die Spender eines Hilfswerks wird eine Direkt-Übertragung aus dem Forschungslabor organisiert. Die Spender wurden vorher über diese Übertragung informiert. Sie schalten ihr TV-Gerät ein und sind mitten im Geschehen. Sie sehen mit dem Forscher durchs Mikroskop und erleben die Schwierigkeiten und Probleme seiner Arbeit.

- – Ein Spender für z. B. „Médecins sans frontières" erhält Fax-Berichte direkt vom Einsatz im Kriegs- oder Seuchengebiet. Er wird mit den dortigen Zuständen vertraut und weiß, wie sehr seine Hilfe notwendig ist.

- – Ein Forscher, der von einer Organisation unterstützt wird, informiert einzelne Spender über den Fortgang seiner Arbeit. Erfolgsberichte, aber auch Enttäuschungen übermittelt er per e-Mail und läßt so den Spender an seinem Alltag teilhaben.

- Echte Direkt-Spenden werden möglich. Home-Banking hält Einzug in den normalen Haushalt, und der Spender kann sofort per Knopfdruck Geld überweisen. Wenn wir früher Tage, ja Wochen warten mußten, ehe wir den Erfolg einer Fundraising-Aktion beurteilen konnten, wissen wir in Zukunft nach wenigen Minuten oder Stunden Bescheid. Kurzfristige Aktionen und eine schnelle Unterstützung in Katastrophenfällen wie Erdbeben werden möglich. Zwischen dem

Impuls des Spenders zu helfen und der sofortigen Ausführung stehen keine Barrieren mehr – die Spontan-Spende wird Wirklichkeit.

● „Interaktiv" ist kein leeres Wort mehr. Wir alle wissen: Wir sollten mehr mit dem Spender direkt kommunizieren, ihn teilhaben lassen. Wir alle wissen auch, wie schwierig ein derartiges Unterfangen ist. In Zukunft aber können wir Fokus-Gruppen, Konferenzschaltungen, Meinungsbefragungen per e-Mail usw. kostengünstig durchführen. Spender können entscheiden, ob sie mit Katastropheneinsätzen im Ausland einverstanden sind oder ob ihnen das Risiko zu groß erscheint. Wir können sie fragen, ob ein teures Mikroskop gekauft werden soll – und vielleicht sofort die notwendigen Mittel dafür bekommen.

● Non-Profit-Organisationen brauchen Mitarbeiter, die sich im Umgang mit neuen Technologien auskennen. Es dürfen keine Service-Defizite entstehen, und es darf keine wichtige, neue Technologie ausgelassen werden. Vorsicht aber bei der Einführung unausgereifter technologiegestützter Systeme, durch die Erwartungen auf seiten der Nutzer geweckt werden, die nicht erfüllt werden können.

3. Der Spender

Der Spender gewöhnt sich zunehmend an Spenden-Aufforderungen in seinem Briefkasten. Er wird Briefe häufiger ungeöffnet wegwerfen – genau wie unerwünschte Werbung. Er wird mit einer Vielzahl von Spenden-Aufforderungen überflutet und fühlt sich in absehbarer Zeit überlastet. Er wird abgestumpft und desinteressiert.

Die zukünftige multimediale Ansprache bietet aber die Chance, den potentiellen Spender auf mehreren Ebenen anzusprechen und ihn wieder aufzurütteln. Er besitzt die individuelle Bereitschaft und Fähigkeit, neue Technologien kennenzulernen und anzuwenden. Er probiert sie aus und geht aktiv auf Informationssuche. Er wird die Informationen karitativer Organisationen wieder stärker wahrnehmen.

Der Spender wird aber auch in seiner Wahrnehmung und in seinem Spenden-Verhalten selektiver. Er muß sich einen Weg durch den Informationsdschungel bahnen, und er muß mit seinem Geld haushalten. Er wird noch stärker auf emotionale Ansprachen reagieren und nur den

Organisationen geben, die es schaffen, ihn wirklich zu bewegen. Er wird zunehmend kritischer und die Spenden-Aufrufe Ihrer Organisation mit denen anderer Hilfswerke vergleichen.

Er wird Fragen stellen wollen, und die neuen Kommunikationswege werden es ihm ermöglichen, mit den Organisationen interaktiv in Kontakt zu treten. Der Spender wird sich an diese Informations- und Kommunikationsmöglichkeiten gewöhnen und jeweils entscheiden wollen, für welches konkrete Projekt er sein Geld gibt.

Er wird auch sorgsam mit seinen persönlichen Daten umgehen und empfindlich reagieren, wenn er das Gefühl hat, der „gläserne Mensch" geworden zu sein. Wir müssen sehr vorsichtig nach bestimmten Informationen fragen und dann sehr sorgsam mit ihnen umgehen.

Engagierte Spender werden noch aktiver sein können. Es wird zu einer Interaktivität zwischen den einzelnen Spendern kommen. Virtuelle Gruppen von Spendern werden sich finden. Die Gruppen kommunizieren miteinander auf dem elektronischen Weg, sie organisieren sich für Hilfsaktionen.

4. Fünf Thesen für die Zukunft

Heute gibt es einerseits die großen Non-Profit-Organisationen, die möglichst viel Arbeit im eigenen Hause mit festen Mitarbeitern erledigen. Nur von Zeit zu Zeit kaufen sie spezielles Know-how und Kreativität ein. Andererseits gibt es Organisationen gleicher Größe, die mit einem minimalen Mitarbeiterstab arbeiten und einen großen Teil der Arbeit outsourcen, praktisch alles extern einkaufen.

Kleinere Organisationen haben diese Entscheidungsfreiheit häufig nicht. Sie können sich weder hochqualifizierte Mitarbeiter leisten noch Mitarbeiter laufend weiterbilden, damit sie einer sich immer schneller wandelnden Technologie auf den Fersen bleiben. Für sie ist die Entscheidung klar: outsourcen.

Heute wird Direct Mail-Fundraising einerseits von spezialisierten Agenturen und Einzelfirmen angeboten, die Ideen liefern und je nach Wunsch die praktische Durchführung an andere Firmen vergeben. Andererseits bieten Druckereien, Lettershops, Datenzentren und einige Werbeagenturen komplette Kampagnen an.

In Zukunft werden die Anforderungen an Spezialwissen und intellektuelle Fähigkeiten immer mehr wachsen. Die Schnittstellen werden nicht mehr so klar sein. Noch mehr als bisher muß alles zusammenwachsen, müssen alle Partner Hand in Hand arbeiten.

Meine fünf Thesen für die Zukunft

1. Für kleine und große Hilfswerke wird es eine Vielzahl von Agenturen geben, die ihr spezialisiertes Know-how anbieten. Diese Agenturen sind auf einen oder wenige Sektoren des gesamten Aufgabengebiets spezialisiert, oder sie bündeln Spezialisten und stellen sie bei Bedarf zur Verfügung.

2. Wahrscheinlich wird es – wie es in England bereits der Fall ist – Hilfswerke geben, die das Fundraising für andere Organisationen managen.

3. Die Honorare für hochqualifizierte Spezialisten werden so hoch sein, daß kleinere Organisationen nur noch eine Stunde hier und einen halben Tag dort zahlen können. In dieser kurzen Zeit aber werden sie fertige Lösungen erhalten. In der Organisation selbst muß dann die Umsetzung/Implementierung erfolgen.

4. Die Kosten für neue Installationen und Geräte werden so hoch sein, daß nur eine volle Auslastung der Geräte einen Kauf lohnend macht.

5. Kommunikation wird kein Problem sein: Wenn wir mit dem Spender mit modernsten Mitteln kommunizieren, werden wir es mit unseren externen Mitarbeitern erst recht tun.

Schlußfolgerung:
Direct Mail wird im Fundraising weiterhin eine wichtige Rolle spielen, aber es wird unter Umständen nicht mehr die ertragreichste Methode sein. Aufgrund der technischen Neuerungen wird es eine Vielzahl von Alternativen geben. Wir müssen die Alternativen kennenlernen und uns flexibel an veränderte Bedingungen anpassen – um Teil zu sein von einer Welt, in der die Menschen dank der neuen Technologie einander helfen – sofort, direkt und unbürokratisch.

Das Instrument, das uns – zumindest derzeit – befähigt, dieses Ziel zu erreichen, ist Direct Mail. Dieses Instrument müssen wir beherrschen und laufend verbessern. Es ist nicht Selbstzweck und kein Versuch, den Spender zu manipulieren. Es ist im Gegenteil der Respekt vor ihm, der uns antreibt: Nur wenn wir soviel Geld wie möglich einnehmen und sowenig wie möglich dafür ausgeben, setzen wir Spenden-Gelder gut ein. Schon Jesus erzählte seinen Jüngern in einem Gleichnis, daß man anvertrautes Geld mehren solle!

Zum Abschluß dieses Buches – nach so viel Technik – noch einmal die Besinnung auf unser Ziel: Wir Fundraiser wollen unseren Teil dazu beitragen, um die Welt zu verbessern! Es ist die nie endende Geschichte vom Streben nach größter Effizienz, Respekt vor und Liebe für unsere Spender!

Fachbegriffe

Adreßabgleich:
Vergleich verschiedener Adreßdateien oder Adreßlisten auf identische Adressen

Adreßbroker:
Ein Adreßbroker handelt mit Adressen wie andere mit Lebensmitteln. Er bietet verschiedene Adreßlisten aus den unterschiedlichsten Quellen an.

Adressen:
Wird in diesem Buch synonym mit Spender verwendet, da wir uns mit der Ansprache des Spenders per Post beschäftigen.

Antwort-Beschleuniger:
Vorgabe eines Datums in einem Spenden-Appell, bis zu dem die Spende eintreffen muß. Oft erfolgreich, aber ein zweischneidiges Schwert, da die Spenden nach dem vorgegebenen Datum schlagartig zurückgehen.

Back-end premiums:
Geschenke, die einem potentiellen Kunden/Spender für den Fall versprochen werden, daß er spendet. Sie werden erst nach Eintreffen der Spende versandt.

Flattersatz:
Ein Text, der linksbündig, aber rechts unregelmäßig auslaufend ist. Er sollte in Spenden-Appellen verwendet werden, weil er eher den Eindruck eines persönlichen Briefes vermittelt.

Fokus-Gruppe:
Ausgewählte Spender, die zu einer Diskussionsrunde geladen werden; bringt subjektive, spontane Information über Ihre Spender oder Nicht-Spender.

Front-end premiums:
Sofortgeschenke, die einem Spenden-Aufruf beiliegen. Jeder Empfänger erhält sie, unabhängig davon, ob er zahlt oder nicht.

Haushalts-Mailing:
Mailing an einen eher unspezifischen Personenkreis, basierend auf Haushalts-Adressen

Hausliste:
Adreßliste der vorhandenen, eigenen Spender, d. h. der Menschen, die bereits einmal gespendet haben. Sie wird in diesem Buch auch als Stammdatei bezeichnet.

High Donor:
Hoch-Spender

Kaltes Mailing:
Brief an Menschen, die noch nicht Kunden/Spender des Unternehmens/der karitativen Organisation sind, sie vielleicht noch gar nicht kennen.

Lapsed doners:
Nicht-mehr-Spender

Legatprogramm:
Der gezielte Versuch, Menschen dazu zu bewegen, einer Organisation im Testament einen Betrag zu vererben.

Lettershop:
Unternehmen, das bestimmte, meist zeitaufwendige Tätigkeiten übernimmt, z. B.: Broschüren mit Aufklebern versehen, Gewinne versenden, Rücksendungen auswerten, Schneiden, Falzen, Zusammentragen, Kuvertieren, Postfertigmachen, Postaufgabe usw.

Major Donor:
Super-Spender

Mutationslauf:
Verarbeitung und Integration von zusätzlichen Daten in eine Stammdatei (z. B. neue Zahlungen, Adreßänderungen, Löschungen usw.). Vor jedem Versand sollte ein Mutationslauf stattfinden.

Non-Profit-Organisation, karitative Organisation, Hilfswerk:
Eine Organisation, die – im Gegensatz zur Profit-Organisation – nicht auf die Erwirtschaftung von Gewinn abzielt, sondern bestimmte Menschen, Projekte, Ziele mittels Spenden-Einnahmen unterstützt. In diesem Buch wird zumeist nur von „Organisation" gesprochen.

Postaufgabe:
Fachwort für das Anliefern der Briefe bei der Post

Prospekt:
Informations-Broschüre

Roll-out:
Aussenden von Mailings in großen Mengen (z. B. 100 000 Stück)

Sozio-Demographie:
Statistisch aufbereitete, charakteristische Merkmale von Bevölkerungsgruppen und gesellschaftlichen Zusammenhängen, z. B. Aufgliederung einer Spender-Gruppe nach Alter, Beruf, Wohnort etc.

Spendenleiter:
Zeigt den Weg eines neuen Spenders bis zum Groß-Spender. Je höher ein Spender auf der Leiter angesiedelt ist, desto wichtiger ist er für Ihre Organisation.

UGP (= Unique Giving Proposition):
Für was spendet der Mensch bei Ihrer und nur Ihrer Organisation? Was macht Sie einzigartig? Die Formulierung der UGP ist wichtig, um die Ziele und Aufgaben Ihrer Position klar kommunizieren zu können.

Upgrading:
Schritt in die nächsthöhere Spenden-Kategorie, d. h.: Spenden eines höheren Betrages.

Zufallsauslese:
Wichtig für das Testen. Damit keine verfälschten Resultate entstehen, müssen Sie die Adressen nach dem Zufallsprinzip auswählen.

Literaturhinweise

Auer, Manfred; Gerz, Manfred: Social Marketing als unternehmerisches Erfolgskonzept. moderne industrie AG, Landsberg/Lech, 1992

Badelt, Christoph: Handbuch der Nonprofit-Organisation – Strukturen und Management. Schäffer Poeschel, Stuttgart u. a., 1996

Beilmann, Michael: Sozialmarketing und Kommunikation – Arbeitsbuch für eine Basismethode der Sozialarbeit. Luchterhand, Neuwied, 1995

Bruhn, Manfred; Tilmes, Jörg: Social Marketing – Einsatz des Marketing für nicht-kommerzielle Organisationen. Kohlhammer, Stuttgart u. a., 1994

Burens, Peter-Claus: Die Kunst des Bettelns – Tips für erfolgreiches Fundraising. C. H. Beck Verlag, München, 1995

Burnett, Ken: Relationship Fundraising – A Donor-Based Approach to the Business of Money Raising. White Lion Publishing, London, 1992

Burnett, Ken: Friends for Life – Relationship Fundraising in Practice. White Lion Publishing, London, 1996

Cooper, Katrin: Nonprofit-Marketing von Entwicklungshilfe-Organisationen. Deutscher Universitätsverlag, Wiesbaden, 1994

Dallmer, Heinz: Handbuch Direct Marketing. Gabler, Wiesbaden, 1991

Dieterich, Klaus M.: So entstehen erfolgreiche Spendenbriefe. BSM-Schriftenreihe, Sulzbach, 1995

Fäh, Bruno; Ebersold, Werner; Zaugg, Robert: Geldsammeln im Dienste des Mitmenschen – Philosophie und Praxis des Fund Raising. Haupt, Bern, Stuttgart, 1991

Gehrmann, Gerd; Müller, Klaus: Management in sozialen Organisationen – Handbuch für die Praxis Sozialer Arbeit. Walhalla Fachverlag, Regensburg, 1996

Greff, Günter; Töpfer, Armin: Direktmarketing mit neuen Medien. moderne industrie AG, Landsberg/Lech, 1993

Grüsser, Birgit: Image durch erfolgreiches Oeko-Sponsoring. moderne industrie AG, Landsberg/Lech, 1994

Haibach, Marita: Spenden und Sponsoring – Wie Individuen und Unternehmen als UnterstützerInnen gewonnen werden können. Campus, Berlin, 1994

Haibach, Marita: Fundraising, Spenden, Sponsoring, Stiftungen – Ein Wegweiser für Vereine, Initiativen und andere Nonprofit-Organisationen. Campus, Frankfurt/New York, 1996

Happes, Wolfgang: Marketing für Vereine und Verbände. IKD GmbH, 1994

Hassemer, Konstantin: Produktmanagement in Nonprofit-Organisationen. M & P, Stuttgart, 1994

Heister, Werner: Das Marketing spendensammelnder Organisationen. Botermann & Botermann, Köln, 1993

Herschell, Gordon, Lewis: How to Write Powerful Fund Raising Letters. Pluribus Press, Chicago, 1989

Holzschuh, Claudia: Möglichkeiten und Grenzen von Direktwerbekampagnen für sozialwirtschaftlich tätige Einzelwirtschaften. Diplomarbeit, Augsburg, 1993

Kachorek, Joseph P.: Direct Mail Testing for Fund Raisers – What to Test, How to Test, How to Interpret the Results. Precept Press, Chicago, 1991

Knaup, Horand: Hilfe, die Helfer kommen – Karitative Organisationen im Wettbewerb um Spenden und Katastrophen. C. H. Beck Verlag, München, 1996

Kotler, Philip: Marketing for Nonprofit Organizations. Prentice Hall, New Jersey, 1975

Kotler, Philip; Andreasen, Alan R.: Strategic Marketing for Nonprofit Organizations. Prentice Hall, New Jersey, 1996

Kotler, Philip; Roberto, Eduardo: Social Marketing. ECON Executive Verlags GmbH, Düsseldorf u. a., 1990

Leif, Thomas; Galle, Ullrich: Social Sponsoring und Social Marketing – Praxisberichte über das neue Produkt Mitgefühl. BUND-Verlag GmbH, Köln, 1993

Lewowicz, Marina: Neues Denken in der sozialen Arbeit – mehr Oekologie – mehr Markt – mehr Management. Lambertus-Verlag GmbH, Freiburg, 1991

Maelicke, Bernd: Qualitätsmanagement in sozialen Betrieben. Nomos Verlagsgesellschaft, Baden Baden, 1996

Meffert, Heribert: Fundraising für die Wissenschaft – eine Herausforderung an das Marketing von Universitäten. Münster, 1993

Nichols, Judith E.: Targeted Fund Raising – Defining and Refining your Development Strategy. Precept Press, Chicago, 1991

Nichols, Judith E.: Growing From Good to Great – Positioning Your Fund Raising Effort For Big Gains. Bonus Books Inc., Chicago, 1995

o.V.: Kursbuch Fundraising – Mittelbeschaffung für Selbstorganisierte Initiativen. fjs, Berlin, 1994

Prochazka, Klaus: Direkt zum Käufer – Wie man Millionen per Post umsetzt. Fallbeispiele vom Werbebrief bis zum Katalog. Rudolf Haufe, Freiburg, 1990
(Der Klassiker! Obwohl für den kommerziellen Bereich geschrieben, enthält er auch für den Fundraiser viel Interessantes.)

Scheibe-Jaeger, Angela: Finanzierungs-Handbuch für Non-Profit-Organisationen. Walhalla-Fachverlag, Regensburg, 1998

Schirk, Kirsten; Schneidereit, Rolf: Was Menschen (zum Spenden) bewegt. BSM-Schriftenreihe, Sulzbach, 1994

Schneider, Willy: Die Akquisition von Spenden als eine Herausforderung für das Marketing. Duncker & Humblot, Berlin, 1996

Schwarz, Peter: Management in Nonprofit Organisationen – Eine Führungs-, Organisations- und Planungslehre für Verbände, Sozialwerke, Vereine, Parteien usw. Haupt, Bern, 1992

Schwarz, Peter: Management-Brevier für Nonprofit-Organisationen. Haupt, Bern, 1996

Schwarz, Peter; Purtschert, Robert; Giroud, Charles: Das Freiburger Management-Modell für Nonprofit-Organisationen. Haupt, Bern, 1995

Severin-Woldt, Claudia: Erbschaftsmarketing in Nonprofit-Organisationen. Fischer und Partner, Hamburg, 1995

Smith, George: Asking Properly – The Art of Creative Fundraising. White Lion Publishing, London, 1996

Urselmann, Michael: Kommunikationsmuster kirchlicher Spendenorganisationen. BSM-Schriftenreihe, Krefeld, 1995

Vögele, Siegfried: Dialogmethode: Das Verkaufsgespräch per Brief und Antwortkarte. moderne industrie AG, Landsberg/Lech, 1994

Voss, Andreas: Betteln und Spenden – Eine soziologische Studie über Rituale freiwilliger Armenunterstützung, ihre historischen und aktuellen Formen sowie ihre sozialen Leistungen. de Gruyter, Berlin/New York, 1993

Warwick, Mal: Successful Fund Raising – A Practical Guide. Badger Publishing, 1991

Warwick, Mal: 999 Tips, Trends and Guidelines for Successful Direct Mail and Telephone Fundraising. Strathmoor Press, Berkeley, 1993

Warwick, Mal: You Don't Always Get What You Ask For – Using Direct Mail Tests To Raise More Money For Your Organization. Strathmoor Press, Berkeley, 1994

Warwick, Mal: Technology and the Future of Fundraising. Strathmoor Press, Berkeley, 1994

Warwick, Mal: How to Write Successful Fundraising Letters. Strathmoor Press, Berkeley, 1994

Warwick, Mal: Raising Money by Mail – Strategies for Growth and Financial Stability. Strathmoor Press, Berkeley, 1994
(Ich liebe Mal Warwick's Bücher. Hier spricht der Super-Profi, fundiert, offen und humorvoll.)

Witschnig, Herbert: Fund Raising per Direct Mail – Erfolgreiche Strategien zur Spendenwerbung mit Brief und Zahlschein. Beispiel Greenpeace. Universität Wien, 1989 (Ein wichtiges Buch: über weite Strecken immer noch aktuell.)

Spezialisiert auf Fundraising-Bücher sind:

Fischer & Partner Direktmarketing GmbH
Postfach 651129
D-22371 Hamburg
Tel.: 0 40/604 89 30
Fax : 0 40/6 04 66 81

LOGO-S
Software, Consulting & Service GmbH
Diessemer Bruch 150
D-47805 Krefeld
Tel.: 0 21 51/54 10 91
Fax: 0 21 51/51 14 48

Stichwortverzeichnis